PREGADOR ORANTE

Lectio Divina **a serviço da pregação**

RONALDO JOSÉ DE SOUSA

PREGADOR ORANTE

Lectio Divina **a serviço da pregação**

EDITORA
SANTUÁRIO

DIREÇÃO EDITORIAL:
Pe. Marcelo C. Araújo, C.Ss.R.

REVISÃO:
Cristina Nunes

COORDENAÇÃO EDITORIAL:
Ana Lúcia de Castro Leite

DIAGRAMAÇÃO:
Marcelo Tsutomu Inomata

COPIDESQUE:
Leila Cristina Dinis Fernandes

CAPA:
Sidney Santos

Dados Internacionais de Catalogação na Publicação (CIP)
(Câmara Brasileira do Livro, SP, Brasil)

Sousa, Ronaldo José de.
    Pregador orante: Lectio Divina a serviço da pregação / Ronaldo José de Sousa. – Aparecida, SP: Editora Santuário, 2013.

ISBN 978-85-369-0314-9

    1. Evangelização 2. Liderança cristã 3. Lectio Divina 4. Oração 5. Palavra de Deus (Teologia) 6. Pregação I. Título.

13-07670   CDD-264.34

Índices para catálogo sistemático:

1. *Lectio Divina*: Leitura orante da Palavra de Deus: Cristianismo 264.34

4ª impressão

Todos os direitos reservados à **EDITORA SANTUÁRIO** – 2019

Rua Pe. Claro Monteiro, 342 – 12570-000 – Aparecida-SP
Tel.: 12 3104-2000 – Televendas: 0800 - 16 00 04
www.editorasantuario.com.br
vendas@editorasantuario.com.br

"De fato, eu não vejo essa luz, porque é excessiva para mim; e, no entanto, tudo quanto vejo é através dela"
(Santo Anselmo)

Sumário

INTRODUÇÃO
Senhor, ensina-nos a rezar _____ 9

CAPÍTULO I
Se conhecesses o dom de Deus:
A oração como conhecimento _____ 15
   1. Minha alma tem sede de ti _____ 16
   2. Sou eu, e eu falo contigo _____ 22

CAPÍTULO II
Aproximemo-nos do trono da graça:
Vida de oração e experiência de salvação pessoal _____ 31
   1. Temos um sumo sacerdote que penetrou os céus _____ 32
   2. Revestidos da morte do Cordeiro _____ 40

CAPÍTULO III
O segredo revelado:
Leitura orante da Bíblia a serviço da pregação _____ 47
   1. Aos adultos, alimento sólido _____ 48
   2. É Ele que nós anunciamos _____ 57

CAPÍTULO IV
ELE NÃO CONSEGUIU PERMANECER OCULTO:
A CAMINHO DA MATURIDADE ESPIRITUAL _____ 69
1. Os cachorrinhos comem das migalhas _____ 70
2. Mulher, grande é a tua fé _____ 82

CAPÍTULO V
CONDUZIDO PELO ESPÍRITO, TENTADO PELO DEMÔNIO:
DESVENDANDO O TEOR DA BATALHA ESPIRITUAL _____ 87
1. Livrai-nos do mal _____ 88
2. Se és o Filho de Deus _____ 96
3. Foi um inimigo que fez isto _____ 105

CAPÍTULO VI
CONSAGRA-TE A TEU MINISTÉRIO:
ESPIRITUALIDADE PESSOAL E A MISSÃO DE PREGAR _____ 111
1. Tenho compaixão deste povo _____ 112
2. Proclama a Palavra, insiste _____ 118

CONSIDERAÇÕES FINAIS
CONHECIMENTO MARAVILHOSO ASSIM ME ULTRAPASSA _____ 127

REFERÊNCIAS BIBLIOGRÁFICAS _____ 131

Introdução

SENHOR, ENSINA-NOS A REZAR

"Estando em certo lugar, orando, ao terminar, um de seus discípulos pediu-lhe: 'Senhor, ensina-nos a orar'" (Lc 11,1).

Jesus era, por assim dizer, um homem de oração. Nos Evangelhos não faltam referências aos momentos em que Ele se dirige ao Pai, sozinho ou publicamente, estabelecendo com este uma verdadeira relação de intimidade.[1] O texto em epígrafe, do Evangelho de São Lucas, diz que, em determinada ocasião, um dos discípulos esperou Jesus terminar de rezar (educado, esse discípulo!) para lhe fazer um pedido: "Ensina-nos a orar".

Essa solicitação não deixa de ser surpreendente, pelo fato de que os discípulos de Jesus eram todos judeus, e os judeus, por sua própria tradição religiosa, rezavam, e rezavam muito. A impressão que o texto lucano causa é a de que aquele homem observou Jesus orando por algum tempo, deixando-se atrair por seu jeito de se relacionar com o Pai, chegando à conclusão de que não apenas ele, mas também o grupo inteiro dos discípulos, necessitavam rezar igual a seu Mestre. No pedido, o discípulo como que assume a condição de porta-voz do grupo.

Portanto, não foi o simples fato de Jesus orar que chamou a atenção, visto que a oração não era algo inusitado para seus seguidores. Na verdade, aquele discípulo queria aprender o jeito diferente de Jesus rezar. O "segredo" daquela oração, ao mesmo tempo entusiasmante e fecunda, para além da materialidade. Ele notou que Jesus estabelecia uma verdadeira *relação* com o Pai. E quis também ter com Deus uma intimidade semelhante.

---

1   Cf., por exemplo: Lc 6,12; 10,21; Jo 11,41-42; 17,1-26; Mc 14,35.

Embora fossem oriundos de uma religião em que a oração era ensinada de pai para filho; embora fossem discípulos de Jesus há bastante tempo; embora fossem pregadores (cf. Lc 10,1), aqueles homens (estou pasmo!) *ainda não tinham aprendido a rezar*. Certamente, em muitos momentos pessoais ou comunitários os discípulos de Jesus prestavam culto a Deus, mas parece que ainda não haviam encontrado o modo certo de relacionar-se com o Senhor, uma maneira capaz de fazê-los progredir e aprofundar-se *no conhecimento*. Pode ser esse o caso de muitos pregadores de hoje.

Curioso que isto ocorra: todos os pregadores sabem o quanto a oração é importante para o exercício de seu ministério, mas, não raras vezes, este é o ponto de maior dificuldade, sentida especialmente por ocasião do preparo das pregações. Quantos se debatem e até se angustiam para encontrar uma ideia-chave, um norte, ou mesmo uma sequência para a preleção, principalmente quando lhes são propostos temas mirabolantes ("o ser e o ter", "a paz no mundo") ou inadequados ("o Espírito Santo na vida da Trindade" para pessoas que estão iniciando sua vida cristã).

Alguns preferem livrar-se desse constrangimento atribuindo a Deus suas percepções costumeiras, caducas, insuficientes, ineficientes ou inoportunas. No limite, são tão orgulhosos que resolvem dizer na pregação o que é mais fácil de ser dito, abandonando o tema e atribuindo isso à vontade de Deus. Normalmente, iniciam dizendo: "Eu vou pregar o que Deus mandou", dando um jeito de justificar de antemão sua ignorância, evitando reconhecer que precisam crescer na vida espiritual, ainda que sejam pessoas que rezem muito.

Ora, Deus está sempre propenso a se revelar. Ele não encarregaria alguém de anunciar seu nome e, depois, esconderia deste escolhido sua vontade quanto ao que dizer e como dizer. Foi Ele mesmo quem afirmou: "Não falei em segredo, em recanto obscuro da terra. Eu não disse à descendência de Jacó:'Procurai-me no caos!'. Eu sou Iahweh, que proclamo a justiça, que revelo o que é reto" (Is 45,19). Além disso, Deus, que conhece os corações dos homens, tem uma mensagem certa para cada ocasião, mensagem esta radicada no Evangelho e geralmente compreendida por aqueles que se dedicam à vida espiritual.

Este livro visa auxiliar pregadores a fazer um percurso de vida espiritual, aprofundar a leitura orante da Bíblia e superar aquilo que, em circunstâncias normais, mais dificulta o ministério da pregação: a ausência de uma autêntica vida de oração. A intenção é provocar uma verdadeira *atitude* espiritual, ou seja, motivar esses ministros a encarar a oração como um progressivo itinerário de conhecimento, conhecimento este que, uma vez adquirido na relação com Deus, é colocado a serviço da pregação.

Por isso, o livro inicia com um capítulo sobre "a oração como conhecimento", em que a vida espiritual é tratada como uma perene busca motivada pela sede de conhecer, cada vez mais profundamente, o mistério de Cristo. Quando cessa o conhecimento, a oração perde o sentido. Em seguida, o capítulo dois esclarece que a carência ou a caducidade da experiência de salvação pessoal podem estar na origem de uma vida de oração monótona e sem fecundidade. É necessário que o orante aproxime-se com fé do "trono da graça", sem nenhum temor, confiante de que o conhecimento de Deus não é algo reservado para alguns místicos, mas para todos os redimidos.

O "mistério escondido" foi revelado a homens e mulheres e encontra-se disponível principalmente por meio da Sagrada Escritura. Sobre a leitura orante da Bíblia trata o terceiro capítulo, indicando que ela é o "mapa do tesouro"; a Bíblia é como se fosse o segredo manifestado, que os pregadores têm a graça e a obrigação, por força de seu ministério, de compreendê-lo bem para transmitir aos homens.

O capítulo quarto trata da maturidade espiritual. Ele parte de um episódio bíblico em que uma mulher pagã encontra Jesus que "não conseguiu permanecer oculto". Essa mulher assume a atitude típica do pregador orante, que busca a Deus, inicialmente por razões que podem ser consideradas mercenárias, mas que depois evolui dentro de um trajeto conduzido pelo próprio Jesus e que está de acordo com a realidade específica de cada pessoa.

Esses quatro capítulos são os que mais exatamente concorrem para atingir o objetivo do livro. Entretanto, acrescentei outros dois, complementares, conquanto não supérfluos: um sobre a batalha espiritual e outro sobre a missão de pregar. O primeiro situa o Diabo frente ao conhecimento, partindo do pressuposto de que, ao romper com Deus, ele e os anjos rebeldes, por assim dizer, interromperam sua vida espiritual, atravancando seu percurso de conhecimento. A partir de então, o trabalho óbvio do Diabo é intrometer-se no itinerário dos outros através de uma estratégia inalterável: a tentação. Isso origina uma batalha espiritual, cujo sujeito é o orante; o objeto, a identidade; a principal arma, o discernimento dos espíritos.

O outro capítulo complementar, sobre a missão de pregar, provoca os pregadores a experimentar a compaixão pelo povo que carece do anúncio do Evangelho. Ao partilhar esse sentimento de Cristo, aqueles que foram chamados como que se consagram a seu ministério, ou seja, dedicam-se a ele com todas as forças e sem mesquinhez, começando por colocar sua própria espiritualidade pessoal a serviço dos irmãos.

As considerações finais ponderam brevemente a respeito das características essenciais desse conhecimento de Deus: maravilhoso, fascinante e *mistérico*. O pregador orante não se intimida em buscá-lo, conquanto saiba que não o atingirá em plenitude. Sente-se, ao contrário, atraído sobremaneira, jubilando-se cada vez que o encontra ou transmite.

Capítulo I

SE CONHECESSES O DOM DE DEUS
A oração como conhecimento

"Ó Deus, tu és o meu Deus, eu te procuro. Minha alma tem sede de ti, minha carne te deseja com ardor, como terra sedenta e sem água" (Sl 63,1).

1. Minha alma tem sede de ti

O próprio da vida de oração é *a busca*.[1] Quem reza, sabe disso. Na vida de oração, procura-se alguém. E alguém que ora se deixa encontrar (Is 55,6) e ora não é encontrado (Ct 3,1-2; 5,6). Isso torna a própria atitude de buscar, por assim dizer, um *elemento constitutivo* da vida espiritual. De modo que ninguém deveria espantar-se com o fato de ver-se envolvido em uma trama que parece insolucionável, posto que deseja, acha, mas não se sacia, voltando a procurar angustiadamente. O orante deve ser alguém que entende essa dinâmica e a ela se acomoda serenamente. Como está escrito noutro salmo: "Por que te inquietas, ó minha alma? Espera em Deus, eu ainda o louvarei" (Sl 42,6).

Mas há algo que importa muito nessa busca: seu elemento motivador. Segundo o salmista, é *uma sede*. Uma inquietude tal que atinge a própria dimensão física e que, na ausência do sujeito objeto procurado (no caso, Deus), faz com que a pessoa se sinta como uma terra árida, sem água. As pessoas que moram em lugares desertos ou semidesertos compreendem bem o que essa simbologia quer expressar.

É fundamental indagar a respeito do que mais especificamente o homem orante tem sede. Para mim, dizer que é "sede

---

1   Cf. Sousa, Ronaldo José de. *Pregador ungido*: missão e espiritualidade. Aparecida: Santuário, 2001, p. 27.

de Deus" é muito pouco, pois isso induz a pensar que o orante apenas procura uma presença em sentido abstrato (a presença pela presença). E ninguém suporta ficar diante de outra pessoa o tempo todo, só porque ela está ali, ainda que essa outra pessoa seja Deus. Cotidianamente, esse tipo de situação em que nos vemos obrigados a estar com alguém sem ter assunto para conversar é deveras constrangedor.

Creio que, ao afirmar "minha alma tem sede de ti", o salmista está dizendo algo mais que "quero estar em sua presença". A alma humana tem sede de *conhecimento*. É por isso que ela quer encontrar Deus e sente-se impulsionada para Ele. Pois Deus mesmo é a fonte desse conhecimento. O orante, portanto, não está em busca de uma presença em sentido abstrato, mas de uma relação que envolve e fascina. Em uma palavra: presença que *acrescenta*. A presença de Deus é suficiente justamente por causa disso: ela está permeada de um conteúdo, não é vazia, mas produtiva em sentido mistagógico.

De nada adianta estar diante de Deus sem adquirir conhecimento. Isso torna a vida de oração vaga de sentido. E várias pessoas, ainda que rezem muito, talvez se encontrem nesta condição: sem conhecer a Deus. Um dia desses, um episódio me recordou que é assim. Estava viajando com Alessandra, minha esposa, e resolvemos passar na casa de um sacerdote conhecido para visitá-lo. Enquanto conversávamos na sala da casa, observei que havia uma moça ali presente, provavelmente paroquiana, bastante atenta ao que falávamos. Em determinado momento ela interveio: "Vocês são da comunidade de Alessandra?", perguntou. Alessandra, então, antecipou-se e disse:

"Sim, você a conhece?". Ao que ela pronta e entusiasticamente respondeu: "É claro! Quem não conhece Alessandra!?".

Honestamente me deu vontade de dizer: "Você, minha filha!". Porque aquela moça, displicentemente bem-intencionada, estava na presença de alguém de quem certamente ouvira falar, mas que, de fato, não conhecia. É essa a situação de alguém que reza sem adquirir conhecimento. Na verdade, ele não desfruta do conteúdo da relação, mas tenta suprir sua sede apenas com fórmulas e gestos, tendendo a transformar a vida espiritual em um devocionismo estéril e repetitivo.

Não é difícil perceber que a oração perde o sentido quando o orante cessa de conhecer. Basta observar como as pessoas começam a rezar entusiasticamente e, depois, desanimam gradativamente até a desistência. O maior problema enfrentado por aqueles que tentam cultivar uma vida de oração não é começar. Também não é a falta de tempo ou de ambiente adequado. Tampouco é a dificuldade de concentração. Esses problemas são superáveis quando o orante vislumbra algo a sua frente.

O maior problema é a perseverança. Muita gente começa a rezar, mas não persiste. E isso ocorre porque o encontro regular vai pouco a pouco caindo na rotina e transformando-se em uma mesmice. Na maioria das vezes, a pessoa prossegue apenas até enquanto a oração é para ela uma novidade. Quando muito, passa a buscar sentido de rezar na materialidade das orações: frases, novenas, terços, gritos, gestos etc. Esse tipo de oração pode tornar-se alienante. O próprio "Pai-nosso" (a oração que Jesus ensinou), em certa medida, foi transformado em uma recitação ritual.

Contam que dois bêbados estavam conversando na rua. Ambos miravam o céu. Um deles dizia que aquilo que estavam vendo era o sol e o outro afirmava com convicção que era a lua. O impasse não se resolvia, até que avistaram um terceiro bêbado na outra calçada e o chamaram para perguntar: "Isso lá em cima é o sol ou a lua?". O homem olhou para o céu por alguns instantes e depois disparou: "Rapaz, eu não sou daqui não!".

Baseado em Santa Teresinha do Menino Jesus, o Catecismo da Igreja Católica define a oração como "um simples olhar lançado ao céu".[2] Mas ninguém fica olhando para o céu em busca de nada. E também não adianta enxergar alguma coisa e não conseguir distinguir o que se trata, como seria o caso dos bêbados da anedota. Orar sem conhecer é como aquele comercial de televisão em que dois jovens fazem um imenso esforço para subir numa montanha e, chegando lá, não sabem o que fazer. Um olha para o outro e diz: "Vamos?". E ambos descem.

De que adianta tanto esforço para nada? Rezar dá trabalho, demanda empenho, às vezes fatiga! Há, certamente, uma recompensa para além de simplesmente "alcançar graças" ou garantir a salvação, pois Jesus garante: "Tu, porém, quando orares, entra em teu quarto e, fechando tua porta, ora a teu Pai que está lá, no segredo; e teu Pai, que vê no segredo, *te recompensará*" (Mt 6,6 – grifo meu).

A verdadeira e autêntica vida de oração é aquela que concede conhecimento. Não tenho dúvidas de que essa é a recompensa prometida por Jesus. O orante cresce cada vez

---

2 Cf. CATECISMO DA IGREJA CATÓLICA. 3. ed. Petrópolis: Vozes; São Paulo: Paulinas, Loyola, Ave-Maria, 1993, n. 2558.

mais na intimidade com Deus, avançando progressivamente na compreensão de seu inesgotável mistério. E não só isso. Cresce também em conhecimento de si, dos outros e do mundo.

Não se trata de um conhecimento meramente intelectivo. Não havia entre os coríntios muitos sábios "segundo a carne", no entanto, Deus os cumulou de conhecimento (cf. I Cor 1,5.26). Tampouco, falo do experimento de sensações. Refiro-me a uma ciência que envolve a pessoa toda: sentimento, vontade, mente e até o próprio corpo. E conduz ao encanto com a vida de oração.

Esse tipo de atitude – encarar a vida espiritual como um percurso de conhecimento – nada tem a ver com uma busca frenética por novidades espirituais. É claro que a oração exige disciplina e constância. É preciso insistir em rezar ainda que tenhamos a sensação de que não saímos do lugar. Como diz o salmista: "Quem conhece o vosso nome, em vós espera, porque nunca abandonais quem vos procura" (Sl 9,11).

Contudo, haverá sempre uma possibilidade de conhecer mais. E a vida espiritual poderá ter verdadeiros picos de crescimento quando o orante, guiado por Deus, desvenda caminhos novos de conhecimento. É como escola. Em algumas situações, a palavra que melhor define a frequência às aulas é "monotonia": o mesmo prédio, o mesmo caminho, os mesmos professores e ainda ter de usar fardamento. Mas tudo se transforma quando nos interessamos por algo, ainda que seja a aluna nova do colégio.

Portanto, da parte do orante o que importa é a atitude de busca. Conceder conhecimento fica por conta de Deus. Sob essa perspectiva, até os períodos de aridez são fases de conhecimento, porque Deus se revela também através de sua aparente ausência. Ausência que provoca nova busca e, assim, a vida de oração desencadeia um ciclo interminável de sede e saciedade.

Interminável mesmo. Porque a vida de oração, vivida dessa maneira, é um prenúncio da eternidade: "A vida eterna é esta: *que eles te conheçam a ti*, o único Deus verdadeiro" (Jo 17,3 – grifo meu). O inferno, por sua vez, é uma carência de conhecimento: uma infinidade de mesmice entediante. Algumas pessoas já disseram ter tido a visão do inferno. Graças a Deus, eu não precisei tê-la para saber como é lá. Mas tremo só de pensar em passar toda a eternidade carente de saberes novos. Essa possibilidade me causa mais medo do que as velhas figuras do fogo e dos caldeirões quentes com as quais eu imaginava o inferno quando era criança.

Conhecer é o segredo. Tudo se esvai quando cessa o conhecimento. É assim na vida de oração, como nas outras realidades humanas: na profissão, no ministério, na consagração, no casamento. Perdem-se o interesse, o entusiasmo e o ardor proporcionalmente à ausência de novos saberes. Ou então se encontra um jeito morno e acomodado de continuar.

Se, como adverte Santo Agostinho, a rotina mata o êxtase, certamente o conhecimento suplanta a rotina. Vejo isso acontecer em minha vida de oração pessoal e também em nível comunitário. A oração de uma comunidade esvai-se quando, pouco a pouco, se torna ritualística, previsível, monótona. Mas retoma seu vigor quando se reveste de profetismo, ou seja, quando dela advém ciência cumulativa.

Nem a liberdade supera em valor o conhecimento, pois a liberdade pode ser tirada do homem, o conhecimento não. O que foi que Jesus disse quando observou os comportamentos paradoxais de Marta e de sua irmã Maria? "Marta, Marta – advertiu o Mestre –, tu te inquietas e te agitas por muitas coisas; no entanto, pouca coisa é necessária, até mesmo uma só. Maria, com efeito, escolheu a melhor parte, *que não lhe será tirada*" (Lc 10,41-42 – grifo meu). Qual foi a "parte" que Maria escolheu? O que ela estava fazendo sentada aos pés do Mestre? Livrando-se do serviço? Curtindo preguiça? Fazendo sala? Admirando a beleza de Jesus? Descansando? Profiro que não. Ela estava "sentada aos pés do Senhor, escutando-lhe a palavra" (cf. Lc 10,39). Estava, portanto, adquirindo conhecimento.

No caso dos pregadores, o conhecimento provindo da vida espiritual transforma-se em conteúdo de pregação. Aqui se inicia um ministério fecundo: quando o pregador encara a vida de oração como um percurso (na verdade, uma busca), que visa adquirir e aprofundar uma ciência cuja fonte é o próprio Deus. Ao transmiti-la, sente um gozo incomensurável, porque a experimentou com saber e sabor.

2. Sou eu, e eu falo contigo

Existe um texto na Bíblia que, se aprofundado seu significado, revela e confirma o que tentei defender até aqui. Trata-se do episódio conhecido como "o encontro de Jesus com a samaritana" (Jo 4,1-42). Sinceramente, eu sempre achei esse texto meio enfadonho, a despeito de sua mensagem edificante no âmbito do acolhimento, da evangelização e da conversão de vida. Ele me parecia muito longo, com muita conversa para pouca coisa a dizer.

Mas houve um tempo em que senti meu coração inquietado para lê-lo com mais aplicação. Fiz a contragosto até o momento em que algo me chamou a atenção (veja como a possibilidade de um novo conhecimento muda as coisas): a quantidade de vezes em que, no texto, aparece o verbo "conhecer". Sugiro que o leitor consulte a passagem bíblica antes de prosseguir.

Nesse texto, a primeira vez que o verbo "conhecer" aparece é no versículo 10, quando Jesus diz à samaritana: "Se conhecesses o dom de Deus e quem é que te diz: 'Dá-me de beber', tu é que lhe pedirias, e ele te daria água viva". A frase exprime, de um lado, uma constatação de que aquela mulher não conhecia a Deus ("se conhecesses") e, por outro lado, o desejo que Jesus tinha de ensinar ("tu lhe pedirias, e ele te daria"), de fazer com ela um caminho espiritual capaz de suscitar sede e saciedade, uma verdadeira vida de oração que outorgasse conhecimento.

Essa constatação e esse desejo desencadeiam a tentativa de Jesus de conduzir a samaritana ao conhecimento de Deus. Inicialmente, ele se utiliza de linguagem metafórica (sede, água). É como um primeiro estágio da vida espiritual, adaptado às limitações culturais da pessoa. Parece que todos os orantes necessitam passar por essa etapa, dada sua fragilidade e ignorância espiritual. Para ouvir e compreender o que Deus quer dizer, é preciso que este lhes fale por meio de símbolos, metáforas, como, por exemplo, através da natureza, de uma canção ou mesmo de outra pessoa.

Conquanto essa fase seja normal, o orante deve ir além dela. Ela é apenas um momento específico da vida espiritual; e esta tende a crescer. Se o orante permanecer dependendo desse tipo de linguagem para atingir o conhecimento que Deus, em sua providência, quer lhe conceder, alguma coisa está errada.

No episódio bíblico, o fruto do esforço de Jesus é minguado. A mulher mistura o sinal com a realidade em si: "Senhor, nem sequer tens uma vasilha e o poço é profundo; de onde, pois, tiras essa água viva?" (v. 11). Jesus não estava falando *daquela* água e *daquele* poço. Era apenas uma analogia, para que pudesse compreender. A atitude da samaritana é típica das pessoas que confundem o essencial com o acidental, por exemplo, qualificando fenômenos que acompanham a ação do Espírito Santo (ruído, sensações, choro etc.) como sendo a ação mesma do Espírito Santo. Ou supervalorizando o poder de uma relíquia. Ou, ainda, atribuindo o mérito pelo poder manifestado à pessoa que o ministra (padre, pregador etc.).

Note-se que a mulher samaritana, nesse momento de sua vida espiritual, ainda não consegue dar a Jesus o primado em sua vida, porque não enxerga a superioridade do Mestre em relação às demais pessoas. Essa é uma característica latente em todos aqueles que não conhecem a Deus verdadeiramente, ainda que tenham algum tipo de prática religiosa. Como tantos, a mulher confronta Jesus com aqueles a quem julga mais importantes do que Ele: "És, porventura, maior que nosso pai Jacó, que nos deu este poço, do qual ele mesmo bebeu, assim como seus filhos e seus animais?" (v. 12). É como alguém que entra em conflito com sua fé quando lê: "Aquele que ama pai ou mãe mais do que a mim não é digno de mim. E aquele que ama filho ou filha mais do que a mim não é digno de mim" (Mt 10,37). Pessoas iniciantes na vida espiritual geralmente não suportam essa palavra, pelo fato de não terem compreendido ainda a disparidade que há entre a relação com Deus e as relações humanas.

Jesus insiste com a samaritana. Mas é impressionante a incapacidade de percepção espiritual dessa mulher. Jesus esclarece que está falando não de uma água qualquer, mas de uma que, uma vez bebida, a pessoa não terá mais sede: "Pois a água que eu lhe der tornar-se-á nele uma fonte de água jorrando para a vida eterna" (v. 14). Mas ela não consegue desapegar-se de seu mercenarismo: "Disse-lhe a mulher: 'Senhor, dá-me dessa água, para que eu não tenha mais sede, nem tenha de vir mais aqui para tirá-la'" (v. 15). Quanta gente assim nos dias de hoje! Alguns pregadores também. Enquanto Deus quer conduzi-los à fonte do conhecimento, eles se debatem em busca de sinais ou de situações que tornem mais cômoda sua vida.

Não me admiro de que, em alguns momentos, Jesus tenha se irritado com a ignorância e o mercenarismo do povo e dos discípulos, chegando a fazer indagações contundentes como esta: "Ó geração incrédula e perversa, até quando estarei convosco? Até quando vos suportarei?" (Mt 17,17). A samaritana é outra que cansa Jesus, já fatigado da viagem (cf. v. 6b). Tanto que Ele quer dar uma trégua: "Vai, chama teu marido e volta aqui" (v. 16). Mas uma frase despretensiosa faz com que Jesus não desista dela. A mulher responde: "Não tenho marido" (v. 17). Neste momento, ela resolve abrir um diálogo pautado na verdade, o que até então não havia ocorrido: "*Nisto* disseste a verdade", afirmou o Senhor (v. 18 – grifo meu).

Falar a verdade implica um desejo de busca da verdade. É a atitude dos que procuram. É *o estilo* daqueles que querem vida espiritual séria. Aqui foram os primeiros acessos de busca por parte da samaritana; ela sentiu-se motivada, desejou conhecimento. De outro modo: não quis mais esconder-se de Deus, omitir sua vida e suas fraquezas. Atendeu ao apelo do Amado: "Deixa-me ver tua face, deixa-me ouvir tua voz, pois tua face é tão formosa e tão doce tua voz" (Ct 2,14b).

Há tanto fanfarrão que não assume essa atitude. E por isso não cresce. A samaritana também não se contentou mais com o que já havia experimentado: aquela mesma água, aquele mesmo poço, aquela mesma hora. Como um pregador que já não se satisfaz com os mesmos chavões, os mesmos testemunhos, os mesmos exemplos, as mesmas pregações. Ou não se basta com um conservadorismo perigosamente revestido de ortodoxia, que o impede de ser verdadeiro com Deus em suas dúvidas.

Prosseguido o diálogo, a samaritana esboça um progresso: "Senhor, vejo que és um profeta" (v. 19). São suas primeiras percepções espirituais não mediadas por símbolos e metáforas. Ela constata algo a partir da própria relação, adquirindo um conhecimento novo. Mas logo volta a cair em sua ignorância original, apegando-se à materialidade: "Nossos pais adoraram sobre esta montanha, mas vós dizeis: é em Jerusalém que está o lugar onde é preciso adorar" (v. 20).

Ela havia dado uma esperança a Jesus, mas depois o frustra. Jesus parece respirar fundo: "Mulher, acredita-me!" (v. 21). No sentido de: "Presta a atenção, vou explicar mais uma vez". E esclarece: "Vós adorais *o que não conheceis*" (v. 22). E aí é que está o problema: não há sentido algum em adorar sem conhecer. O problema não é o lugar ou a forma. Não há sentido na vida espiritual se esta não for um percurso de conhecimento. Somente aquele que conhece sente-se impelido a adorar, uma vez que Deus é adorável em sua essência: "Deus é espírito, e aqueles que o adoram devem adorá-lo em espírito e verdade" (v. 24).

A mulher começa, então, a captar o que Jesus está dizendo-lhe. E reflete: "Sei que vem um messias. Quando ele vier, nos anunciará tudo" (v. 25). Aqui, a samaritana parece falar mais com ela mesma do que com Jesus. É como se parasse e pensasse: "Espere aí, uma coisa *eu sei*: o Cristo virá e ele nos fará *conhecer*". Quando ela se remete a Cristo, está pronta para a revelação sem mediação. Então, Jesus diz: "Sou eu" (v. 26), iniciando a relação propriamente dita. Toda vez que essa expressão aparece no Evangelho de São João, ela invoca a revelação do Sinai (cf. Êx 3,13-14). É a divindade manifestada. É o conhecimento dado. Tem um mediador, mas é como se não tivesse, porque Ele é o próprio Deus.

Note-se a contundência desta expressão: "Sou eu, e eu falo contigo" (v. 26). O poço de Jacó adquire aqui o status de "Sinai do Novo Testamento". A revelação assume sua plenitude, uma vez que não se diz mais apenas "Eu sou", e sim "Sou eu, *e eu falo contigo*". É o Deus da Nova Aliança, manifestado completamente em seu Messias. Em Jesus, Deus disse tudo o que havia para dizer.[3] Resta ao homem passar a eternidade captando gradualmente essa revelação.

Cabe aos pregadores não somente captar, mas também transmitir. É por isso que essa frase precisa ecoar em seus corações, gerando uma expectativa constante pelo conhecimento e, por consequência, uma imensa alegria ao tocá-lo e em comunicá-lo. Caso contrário, não haverá pregadores, ainda que existam ótimos conferencistas que agradem a muitos.

No diálogo de Jesus com a samaritana, há um trajeto de vida espiritual, que se vai esclarecendo, abrindo os horizontes de compreensão. Essa mulher não aguentaria ficar conversando com Jesus "ao meio-dia" (cf. v. 6c), no sol causticante da Palestina, sem que algo lhe fosse acrescentado. Mas porque ela vai conhecendo *gradativamente*, ela resiste a tudo (peso do dia, preocupação com a lida etc.). Do mesmo modo, o orante que percorre essa trilha, conduzido por Jesus, certamente tudo superará para manter-se em perseverança.

No desfecho da conversa, "a mulher deixou seu cântaro" (v. 28). Essa expressão denota o início de um discipulado. O seguimento verdadeiro é o resultado do fascínio exercido por Deus sobre a pessoa. Conforme destaquei anteriormente, a samaritana nivelava Deus aos outros amores. Mas ao conhecê-lo verdadeiramente, parece segui-lo como se Ele fosse o único amor. Com efeito, todo aquele que faz a experiência de Deus, difícil não amá-lo acima de todas as coisas. E, crescendo em conhecimento, impossível negar-lhe a vida.

---

3   Cf. CATECISMO DA IGREJA CATÓLICA, n. 65.

Interessante: Jesus faz um caminho de revelação com a samaritana, que se inicia pelo simbolismo e finda com o fascínio e o seguimento. Depois ele se volta para os discípulos (aqueles que já o seguiam) e diz: "Tenho um alimento que *vós não conheceis*" (v. 32 – grifo meu). Embora discípulos, eles ainda carecem de conhecimento. E não só isso. Parecem estar na mesma fase da samaritana, pois não entendem o dizer de Jesus e se apegam à materialidade das coisas: "Por acaso alguém lhe teria trazido algo para comer?" (v. 33). Iniciando por metáforas ("meu *alimento* é fazer a vontade daquele que me enviou" – v. 34), Jesus põe-se a ensinar. Quando se dá conta, havia começado tudo de novo.

Capítulo II

APROXIMEMO-NOS DO TRONO DA GRAÇA
Vida de oração e experiência de salvação pessoal

"Temos, portanto, um sumo sacerdote eminente, que atravessou os céus: Jesus, o Filho de Deus. (...) Com efeito, não temos um sumo sacerdote incapaz de se compadecer de nossas fraquezas, pois ele mesmo foi provado em tudo como nós, com exceção do pecado. Aproximemo-nos, então, com segurança do trono da graça, para conseguirmos misericórdia e alcançarmos graça, como ajuda oportuna" (Hb 4,14-16).

1. Temos um sumo sacerdote que penetrou os céus

É consenso que a Carta aos Hebreus não foi escrita por São Paulo. Seu autor, até hoje desconhecido,[1] intentou comunicar-se muito provavelmente com judeus cristãos versados nas escrituras veterotestamentárias. Os destinatários eram, contudo, pouco esclarecidos quanto à fé cristã. Daí que um dos principais esforços do autor dessa epístola seja demonstrar, com base no Antigo Testamento, que Jesus é o messias prometido por Deus e prenunciado pelos profetas israelenses.

Para atingir seu objetivo, o escritor sagrado utiliza-se de vários elementos da tradição judaica, mais especialmente do culto. Ele chega a afirmar que "o tema mais importante da nossa exposição é este: temos tal sacerdote que se assentou à direita do trono da Majestade nos céus" (Hb 8,1). Como está esclarecido no trecho em epígrafe, esse sacerdote é Jesus Cristo.

Certa vez, durante uma pregação, tive de insistir muito para convencer a uma mulher de que o texto bíblico não estava dizendo que Jesus era um padre. Mas para a maioria das pessoas não é difícil compreender isso, até porque, com relação ao ju-

---

[1] "Nomes de toda espécie foram propostos, tais como Barnabé, Silas, Aristião e outros. O que mais merece reter a atenção é, sem dúvida, Apolo, aquele judeu alexandrino elogiado por Lucas por sua eloquência, zelo apostólico e conhecimento das Escrituras" (BÍBLIA DE JERUSALÉM, p. 2117).

daísmo, Jesus era um leigo. Quando afiança ser o Filho de Deus *um sacerdote*, o autor da Carta aos Hebreus tem em mente uma função muito conhecida no culto judaico: a do sumo sacerdote.

A religião judaica – sistema ao qual os judeus-cristãos destinatários possivelmente estavam sendo tentados a retornar – tinha seu sumo sacerdote. Ele era o chefe dos servidores do templo de Jerusalém, exercendo a função de supervisor. O sumo sacerdote era o mediador por excelência entre Deus e o povo e, como tal, oferecia o sacrifício cotidiano, e executava os ritos de expiação no "Dia da Expiação".[2]

Como outros povos, os judeus tinham o costume de fazer sacrifícios. Eram muitos,[3] mas havia um especial, chamado "sacrifício de expiação", realizado uma vez por ano (cf. Êx 30,10; Hb 9,7). Nesse sacrifício, o sumo sacerdote entrava na parte mais interior do templo de Jerusalém, onde havia as tábuas da Lei, para oferecer um cordeiro pelo perdão dos pecados dele e de todo o povo.

O templo de Jerusalém era feito de vários pátios, como se fossem compartimentos que iam do mais externo ao mais interior. Na parte mais interna do tabernáculo sagrado havia o "Santo dos Santos" (2Cr 3,8-13). Era ali que o sumo sacerdote entrava no "Dia da Expiação". Somente o sumo sacerdote podia entrar no "Santo dos Santos" e somente naquele dia especial.[4]

---

[2] Cf. ALEXANDER, David, ALEXANDER, Pat (editores). *O mundo da Bíblia*. Tradução de José Raimundo Vidigal. São Paulo: Paulinas, 1985, p. 627. VAN DEN BORN, A. *Dicionário enciclopédico da Bíblia*. 4 ed. Petrópolis: Vozes, 1987, p. 1363.

[3] Para uma descrição sistematizada dos sacrifícios que eram realizados no templo de Jerusalém, conferir os capítulos 28 e 29 do livro de Números.

[4] Cf. VAN DEN BORN, A. *Op. cit.*, p. 1393.

Ora, ao dizer que "temos um sacerdote que penetrou nos céus", o autor da Carta aos Hebreus está fazendo uma analogia, assegurando que alguém entrou na presença de Deus por nós, da mesma forma como fazia o sumo sacerdote judeu. Entretanto, o "Santo dos Santos" do templo de Jerusalém é posto pelo escritor sagrado apenas como o *significante* da realidade em si que é o próprio Deus. Dizendo de outro modo: aquilo que fazia o sacerdote judaico, apesar de sua importância no contexto religioso daquele povo, somente pressagiava o que realmente seria definitivo, a saber: a introdução da humanidade no seio da Santíssima Trindade.

A expressão "penetrar os céus" indica que Jesus fez *de fato* aquilo que se fazia apenas simbolicamente. O céu é, por assim dizer, o lugar onde se desenvolve o ofício sacerdotal de Cristo, um santuário mais excelente do qual o antigo era apenas uma cópia terrestre.[5] Mais adiante, é o próprio autor da Carta aos Hebreus que esclarece: "Cristo não entrou num santuário feito por mão humana, réplica do verdadeiro, e sim no próprio céu, a fim de comparecer, agora, diante da face de Deus a nosso favor" (Hb 9,24).

Por sua encarnação, morte e ressurreição, Cristo inseriu a humanidade na divindade e *com isso deu aos homens o acesso ao conhecimento de Deus*. Pois ele se sentou para sempre à direita do Pai (cf. Hb 10,12). A partir desse fato histórico, o conhecimento de Deus não só se tornou possível aos homens como *já lhes fora dado,* pelo menos em potencial, através de um mediador excelente e de uma aliança

---

5   Cf. BÍBLIA DE JERUSALÉM, p. 2245, 2249.

bem melhor do que a primeira (cf. I Tm 2,3-6; Hb 8,6b). A vontade do Pai de que todos chegassem ao conhecimento da verdade cumpriu-se cabalmente em Jesus Cristo.

Após a redenção, qualquer homem ou mulher pode conhecer a Deus, relacionar-se com Ele, iniciar e crescer na vida espiritual. Esse não é mais o privilégio de alguns profetas. Muitas pessoas carecem dessa compreensão e, por causa disso, têm uma ideia equivocada a respeito da vida de oração e do nível de intimidade com Deus que podem alcançar. Acham que uma espiritualidade fecunda é para alguns poucos "iluminados", não se julgando dignas de perscrutar as realidades espirituais. No fundo, comportam-se como se ainda vivessem sob a economia antiga: fora da inacessível presença de Deus, com medo de se aproximar para não morrer.

No entendimento do homem veterotestamentário, a proximidade com Deus poderia levar à morte, o que denotava a incompatibilidade natural entre a santidade de Deus e o estado de pecado do homem (cf. Êx 33,5-11.18-23). Tanto que até mesmo o sumo sacerdote temia por sua vida ao entrar no "Santo dos Santos". Por isso, antes de cumprir suas funções, ele fazia um verdadeiro rito de despedida, dizendo, entre outras palavras, algo como: "Minha esposa, Javé está me chamando, não sei se volto para você". Mais ou menos como alguns fazem quando vão viajar de avião. Além disso, o sumo sacerdote amarrava uma corda no tornozelo esquerdo, que servia para puxá-lo caso não voltasse, pois ninguém tinha coragem de entrar ali.[6]

---

6   Cf. FERREIRA FILHO, João Valter. *Arte e poder na casa de Deus*. Aparecida: Santuário, 2006, p. 13; TENNEY, T. *God´s Favorite House*. Shippensburg: Destiny Image, 2003, passim.

Creio que ainda hoje há cristãos comportando-se como o homem do Antigo Testamento: com medo de se aproximar, avaliando serem incapazes de penetrar na intimidade de Deus. Parecem órfãos de um sacerdote eminente e, portanto, agem nessa matéria como se ainda não tivessem sido redimidos. Como se não tivessem, por Cristo e pelo Espírito, acesso ao Pai (cf. Ef 2,18; 3,12).

A cena da morte de Jesus parece-me emblemática dessa situação. Marcos escreve: "À hora sexta, *houve trevas sobre toda a terra, até a hora nona*. [...] Jesus, então, dando um grande grito, expirou. E o véu do Santuário se rasgou em duas partes, de cima a baixo" (Mc 15,33.37-38 – grifo meu). E Lucas completa: "Todos os seus amigos, bem como as mulheres que o haviam acompanhado desde a Galileia, *permaneciam à distância*, observando essas coisas" (Lc 23,49 – grifo meu). A morte de Jesus coincide com o fim das trevas e com o partir do véu. Os dois episódios denotam que algo foi desvelado e iluminado, a saber: o próprio Deus, a cujo santuário verdadeiro passaram a ter acesso todos aqueles que creem em Cristo. Mas seus amigos permaneciam à distância.

Que pena! Pois todo homem redimido pode aproximar-se de Deus sem correr o risco de morrer. A realidade antiga passou. A redenção potencializou o conhecimento de Deus para todos. Pois "não recebemos o espírito do mundo, mas o Espírito que vem de Deus, *a fim de que conheçamos* os dons da graça de Deus" (1Cor 2,12 – grifo meu). É como se aquele único "Dia da Expiação" continuasse.[7]

---

7 Cf. ORÍGENES. Cristo, sumo sacerdote, é a nossa propiciação. In: *Liturgia*

Mais ainda: a possibilidade que Jesus outorgou não é a de um conhecimento qualquer, superficial, imperfeito. Trata-se de uma ciência cheia de plenitude. Não um conhecimento panorâmico, como quando se contempla uma paisagem. A redenção provocou uma situação de verdadeira *simbiose* entre Deus e os homens. A simbiose ocorre quando duas coisas se tornam uma só. Esta é, precisamente, a condição do homem redimido: tornado divino, pois inserido no seio da Trindade. Rompe-se a parede, quebram-se as barreiras que separavam o puro do impuro. Agora, a pureza purifica a impureza e aquela não se macula quando toca esta. Aquele que era invisível e incompreensível em si mesmo tornou-se visível e conhecido.

A grandeza dessa descoberta é exprimida pelo rasgar do véu do templo. Este véu que dava acesso ao "Santo dos Santos" era, na verdade, uma cortina de grande espessura, colocada de modo a delimitar o espaço sacratíssimo do templo e simbolizar a inacessibilidade de Deus. O material era resistente como púrpura ou linho retorcido (cf. Êx 26,31-33), quiçá de couro de carneiro, sem costura. Seu rompimento traduz, portanto, um acontecimento de proporções inigualáveis, uma vez que somente "um sumo sacerdote eminente" poderia destruir esse muro de separação que havia entre Deus e a humanidade por causa do pecado original.[8]

Muitas pessoas comemoraram tanto a queda do muro de

---

das Horas. V. II. Tradução para o Brasil da segunda edição típica. Petrópolis: Vozes; São Paulo: Paulinas, Paulus, Ave Maria, 1995, p. 255-256, p. 255.

8 A dificuldade de captar o significado desse fato reside muitas vezes na ideia moderna que temos de véu: como algo delicado e fino (cf. FERREIRA FILHO, João Valter. *Op. cit.*, p. 15).

Berlim, mas não conseguem alcançar o significado de um fato histórico muito maior: a redenção do homem e da mulher. É por causa dela e do modo como foi realizada que o cristianismo é tão surpreendente. Quando o Absoluto resolveu tornar-se relativo e contingente, igual a sua própria criatura, ele cometeu uma loucura, pois – falando em linguagem coloquial – isso não é papel a que se preste um Deus. Como expressa o salmista: "Que é o homem para dele te lembrares, e um filho de Adão, para que venhas visitá-lo?". E como explicita Santo Agostinho:

> De fato, assim como os homens, por sua natureza, não tinham possibilidade alguma de alcançar a vida, também ele, por sua natureza, não tinha possibilidade alguma de sofrer a morte. Por isso entrou, de um modo admirável, em comunhão conosco: de nós assumiu a mortalidade, o que lhe possibilitou morrer.[9]

O fato de retornar para o Pai revestido da humanidade assumida é igualmente admirável. Com efeito, eis um acontecimento espantoso: Deus inseriu-se na realidade humana e depois colocou a humanidade na realidade trinitária. Ele engrandeceu o humano sem diminuir o divino.[10] No dizer de São Paulo, Ele "nos fez *sentar nos céus* em virtude de nossa união com Jesus Cristo" (Ef 2,6 – grifo meu). E no de Agostinho: "Deus se fez homem para que o homem se tornasse Deus".[11]

---

9 In: *Liturgia das Horas*. V. II, p. 376.
10 Cf. SÃO LEÃO MAGNO. *Liturgia das Horas*. V. II. Tradução para o Brasil da segunda edição típica. Petrópolis: Vozes; São Paulo: Paulinas, Paulus, Ave Maria, 1995, p. 1506.
11 Cf. *Liturgia das Horas*. V. I, p. 486.

Uma antiga homilia do Sábado Santo coloca nos lábios de Jesus estas palavras: "O inimigo te expulsou da terra do paraíso; eu, porém, já não te coloco no paraíso, mas num trono celeste".[12] Não pode haver conhecimento mais concreto que esse estado simbiótico.

"Saí do Pai e vim ao mundo", disse Jesus. E completou: "De novo deixo o mundo e vou para o Pai" (Jo 16,28). Os dois movimentos (encarnação e subida aos céus) foram feitos em caráter definitivo. Hoje as pessoas revelam certa dificuldade para entender atos peremptórios. Preferem, antes, trabalhar com opções abertas, mediante as quais possam mudar de atitude sempre que sentirem ameaçada sua autonomia e prazer. É assim que preferem, por exemplo, não assumir compromisso matrimonial, mas "fazer a experiência" de morar juntos "para ver se dá certo". Fazem o mesmo noutras áreas, especialmente naquelas que geram vínculos de compromisso, como a religião. Não é à toa que a religiosidade que mais atrai nos dias atuais é aquela que promete prosperidade sem requerer a conversão da vida.

Ora, quando o Filho resolveu desconsiderar sua igualdade com Deus e esvaziar-se, tornando-se semelhante aos homens (cf. Fl 2,6-7), ele não estava experimentando algo em vista do que iria decidir posteriormente. Aquilo era um caminho sem volta, um ato irrevogável de amor. Com isso, ele ensinou que o amor é feito de atos decisivos e categóricos, mediante os quais o ser amante assume compromissos irrefutáveis e perenes. E se não for assim, dificilmente haverá algo que possa ser chamado de amor.

---

12 Cf. *Liturgia das Horas*. V. II, p. 440.

Diferentemente do sumo sacerdote judeu, Jesus não entrou no seio da Trindade como um representante nosso (como era o caso daquele que oferecia o sacrifício no "Santo dos Santos"), e sim *como alguém que nos precede* (cf. Hb 6,20). Portanto, Ele nos aguarda ansiosamente, a fim de que nos tornemos com Deus uma coisa só: "Pai, aqueles que me deste quero que, onde eu estou, também eles estejam comigo, para que contemplem minha glória, que me deste, porque me amaste antes da fundação do mundo" (Jo 17,24).

Concretamente, foi este o ato que deu aos homens acesso ao conhecimento do Pai: a redenção. Daí o porquê de Jesus afirmar: "Eu sou o caminho, a verdade e a vida. Ninguém vem ao Pai a não ser por mim. *Se me conheceis, também conhecereis a meu Pai*" (Jo 14,6-7a – grifo meu). Este conhecimento, que se traduz especialmente na vida espiritual fecunda, *já pertence* a todo aquele que se aproximar confiantemente do trono da graça a fim de alcançar misericórdia.

2. Revestidos da morte do Cordeiro

A compreensão a respeito do significado da redenção é fundamental para que alguém, ou, mais especificamente, aquele que exerce o ministério da pregação, tenha confiança para aproximar-se de Deus, mantendo com Ele uma relação capaz de afetar a própria vida cotidiana e alimentar de conteúdo as palestras que precisa fazer. Com efeito, muitos pregadores são superficiais em sua reflexão pelo fato de não crescerem na vida espiritual, uma vez que não se dedicam a ela ou consideram-se indignos dessa graça. Ora, essa é uma ilusão que interessa somente a seus inimigos espirituais, uma vez que Jesus garante e as pessoas aguardam os frutos desse relacionamento com Deus em oração.

Entretanto, não basta uma compreensão teológica a respeito dessa nova realidade outorgada por Cristo. É necessário fazer uma experiência de salvação *pessoal*, mediante a qual o pregador se sente *amado*, completamente envolvido pelo amor de um Deus que se digna rebaixar-se em sua direção. É preciso estar convencido interiormente de que o acesso ao céu não foi dado "para a humanidade" enquanto categoria abstrata, mas concretamente "para mim". Cristo é, portanto, o "meu salvador". E essa realidade nova o pregador deve experimentar de um modo quase apalpável (cf. 1Jo 1,1).

A experiência de salvação pessoal inclui o reconhecimento da própria miséria e o arrependimento dos pecados, juntamente com a aquisição de uma confiança inabalável no amor de Deus e naquilo que ele pode operar *na* pessoa e *por meio* dela. O amor de Deus tem uma característica que os outros amores não possuem: ele é redentor. Qualquer pessoa pode amar a outrem, agindo em benefício do ser amado. O amor das pessoas certamente traz consequências maravilhosas para o sujeito que o recebe. Entre essas consequências, a possibilidade de sarar feridas interiores e proporcionar a libertação de condicionamentos que entravam a vida.

Todavia, nem todos os atos de amor serão suficientes para salvar alguém do pecado e da morte. O pecado é um problema que não se resolve senão pela ação de Deus. Somente o amor de Deus é redentor. E essa redenção deve ser experimentada pessoalmente, pela constatação *subjetiva* de que este é o amor que "*me* redime". A verdadeira experiência de salvação pessoal liberta o indivíduo não simplesmente de algum tipo de tédio psicológico ou carência afetiva, mas de algo mais profundo. O amor de Cristo coloca o homem em condições de posicionar-se livremente frente àquilo que distorce sua humanidade, a saber: o pecado.[13]

Muitas vezes, na raiz da dificuldade de rezar ou da oração infértil está a carência ou a caducidade da experiência de salvação pessoal. O esvanecimento da vida de oração pode ter relação com o distanciamento da redenção enquanto realidade concreta, vivida, experimentada. Porque "o escravo não permanece sempre na casa, mas o filho aí permanece para sempre" (Jo 8,35). Alguém que se relacione com Deus sem a perspectiva filial, obtida mediante um encontro pessoal e irrefutável com a graça da redenção, normalmente suporta a vida espiritual apenas em seus rudimentos, desistindo posteriormente ou acomodando-se em práticas devocionais ineficazes, conquanto frequentes.

Desta maneira, a vida cristã estará seriamente comprometida. Consequência revestida de maior gravidade, caso o indivíduo seja um pregador da Palavra, uma vez que aquilo que é (ou o que não é) sua vida de oração transbordará para suas preleções.

---

13 Sobre o pecado como "distorção" do ser humano, cf. SOUSA, Ronaldo José de. *O discípulo amado* – Autoconhecimento a partir da experiência de Deus. Aparecida: Editora Santuário, 2009, p. 9.

Desprovido de progressivo conhecimento espiritual, ele se refugiará em chavões e ditos já prontos. Tenho me preocupado com isso. Vejo surgirem novos pregadores com um perfil que exprime mais aprendizado de técnicas e jeito de ser do que o fruto de sua experiência com Cristo. Aparentam esperar resultados automáticos, não raro de modismos ou de palavras de efeito. Mais que superficialidade, demonstram *artificialidade*. Pregações que não se fundamentam numa vida espiritual fecunda podem até forjar prosélitos, mas jamais geram cristãos verdadeiros.

Uma vida espiritual autêntica baseia-se, antes de tudo, em uma experiência pessoal com o amor redentor. É por ela que todo medo de se aproximar *para conhecer* é superado. Posto que sabedor de sua condição de remido, o pregador orante confia que, a cada passo, um novo ou renovado conhecimento lhe será revelado e não necessitará "inventar" conteúdos para pregar.

É também a experiência com a redenção que oferece o contraponto a seus pecados, ou seja, que o faz ver que "onde abundou o pecado, superabundou a graça" (cf. Rm 5,20). Vivenciar isso não o acomoda em suas faltas, mas faz com que elas oportunizem seu encontro cotidiano com a misericórdia do Pai.

É, portanto, "revestido da morte do Cordeiro" que o pregador orante deve aproximar-se de Deus a fim de edificar com Ele uma relação de amor e crescer em conhecimento. No culto judaico antigo, antes de penetrar no "Santo dos Santos", o sumo sacerdote sacrificava um cordeiro. Ele colhia o sangue do animal e se aspergia usando um ramo de hissopo.[14] Ficava com cheiro de morte e, assim, aproximava-se do santuário.

---

14 Cf. FERREIRA FILHO, João Valter. *Op. cit.*, p. 14.

Analogamente, é o que devemos fazer para penetrar no conhecimento de Deus: aspergir-nos com o sangue de Cristo, revestir-nos de sua morte, valer-nos de seus méritos para alcançar misericórdia. Pois Jesus Cristo já "entrou no Santo dos Santos, isto é, no céu, onde apresentou diante do trono do Pai celeste aquele sangue de valor infinito, que derramara uma vez para sempre por todos os homens cativos do pecado".[15] O autor da Carta aos Hebreus não podia ser mais claro:

> Sendo assim, irmãos, temos a plena garantia para entrar no Santuário, pelo sangue de Jesus. Nele temos um caminho novo e vivo, que ele mesmo inaugurou através do véu, quer dizer: através de sua humanidade. (...) Sem esmorecer, continuemos a afirmar nossa esperança, porque é fiel quem fez a promessa (Hb 10,19-20.23).

Caso contrário, nossos pecados nos oprimirão. Eles acabarão nos convencendo de que não temos condições de continuar. Na verdade, os pecados pontuais desencadeiam algo mais profundo: nossa insegurança radical, nosso medo de "não dar certo" enquanto pessoa e como pregadores. Cada vez que erramos, é como se isso sinalizasse que somos incapazes. Esse é um sentimento que não raro persegue os ministros da Palavra de Deus, algo que persiste como um estigma, um incômodo permanente capaz de emperrá-los na vida ministerial. Quem não experimentar o amor que redime, julgar-se-á indigno de vida espiritual e, portanto, ainda que reze e pregue, alcançará pouquíssimo crescimento.

---

15 SÃO JOÃO FISHER. Se alguém pecar, temos junto do Pai um defensor. In: *Liturgia das Horas*. V. II. São Paulo: Paulinas, Paulus, Ave Maria; Petrópolis: Vozes, 1995, p. 314.

Mas aquele que experimentar a salvação de modo pessoal não sucumbirá a seus pecados, mas fará deles mesmos um trampolim para alcançar misericórdia. São João alerta: "Meus filhinhos, isto vos escrevo para que não pequeis; mas, se alguém pecar, temos como advogado, junto do Pai, Jesus Cristo, o Justo. Ele é a vítima de expiação por nossos pecados" (1Jo 2,1-2a). É também o próprio autor da Carta aos Hebreus que assegura: "Nós não temos um pontífice incapaz de compadecer-se de nossas fraquezas" (Hb 4,15).

O Filho de Deus revestiu-se de nossa humanidade e, assim, "conheceu" em concreto nossas limitações. Foi Ele quem estabeleceu a misericórdia como sendo o conteúdo principal do diálogo entre Deus e o homem. Ou seja: o que está entre nós e Deus não são nossos erros, tampouco nossos méritos, mas seu amor mesmo, dado e atualizado de um modo absolutamente inconfundível sempre que diante dele humildemente nos colocarmos.

Vivemos hoje não sob o regime da lei, e sim da misericórdia (cf. Gl 2,15-21; Mt 9,12-13). Afinal, "é impossível que o sangue de touros e bodes elimine os pecados" (Hb 10,4). No entanto, o Cordeiro de Deus, "depois de ter oferecido um sacrifício único pelos pecados, sentou-se para sempre à direita de Deus" (Hb 10,12). Por seu sangue, temos a plena garantia de acessar o conhecimento de Deus por um caminho novo, inaugurado através do véu, isto é, por meio da humanidade de Cristo.

E sem nenhum sacrifício de nossa parte, a não ser o espírito contrito (cf. Sl 50,19).

Após a destruição do Templo de Jerusalém, no ano 70 de nossa Era, os judeus não fizeram mais sacrifícios, pelo fato de não existir um lugar apropriado para fazê-los segundo sua tradição. Por causa disso, gerou-se a tradição de, todos os sábados, os judeus piedosos irem até um muro que sobrou do templo e chorarem copiosamente sob suas ruínas. Daí a denominação de "muro das lamentações". Eles ainda deixam orações escritas pedindo, entre outras coisas, que o messias venha logo e restaure o culto.

Às vezes penso que muitos pregadores fazem algo semelhante: comportam-se como se o Messias ainda não tivesse vindo. Ficam lamentando suas dores, seus pecados, sua insegurança e, sobretudo, sua infecundidade espiritual. Esses pregadores precisam fazer, fortalecer ou atualizar sua experiência de salvação pessoal. Pois há inúmeros bens e dons espirituais da parte de Deus, esperando que se aproximem de coração sincero e consciência pura, para alcançar graça e misericórdia no tempo oportuno.

Capítulo III

O SEGREDO REVELADO
Leitura orante da Bíblia
a serviço da pregação

"Ele quis dar-lhes a conhecer quais são as riquezas e a glória deste mistério (...): Cristo no meio de vós, a esperança da glória! É ele que nós anunciamos, advertindo cada um, instruindo cada um em toda a sabedoria, a fim de tornar cada um perfeito em Cristo" (Cl 1, 27-28).

1. Aos adultos, alimento sólido

Se há um documento do Magistério da Igreja que pode ser considerado indispensável para os pregadores, este é a Constituição Dogmática *Dei Verbum,* do Concílio Vaticano II, sobre a revelação divina. Logo no início desse escrito, os padres conciliares fazem uma afirmação esclarecedora:

> Aprouve a Deus, em sua bondade e sabedoria, revelar-se e tornar conhecido o mistério de sua vontade, pelo qual os homens têm, no Espírito Santo, acesso ao Pai e se tornam participantes da natureza divina por Cristo, Verbo feito carne. Mediante esta revelação, portanto, o Deus invisível, levado por seu grande amor, fala aos homens como a amigos, entretém-se com eles, para convidá-los à participação de sua intimidade (n. 2).

O excerto deixa claro que o conhecimento que o homem pode adquirir a respeito de Deus resulta antes da iniciativa divina. Foi Deus quem *quis* revelar-se em Jesus Cristo, uma vez que o ser humano não seria capaz, ainda que se esforçasse, de conhecê-lo e participar de sua intimidade. Isso indica que na história do relacionamento entre Deus e o homem, a este coube sempre a busca, mas o conhecimento em concreto deriva muito mais do interesse de Deus em se comunicar.

A ânsia de Deus por se revelar é tão grande que "Isaías ousa até dizer: 'Fui encontrado por aqueles que não me procuram;

tornei-me visível aos que não perguntam por mim'" (Rm 10,20). Não há dúvidas de que Ele quer entreter-se com os homens, falando-os como a amigos. É por causa dessa inclinação divina que os pregadores podem adquirir maior convicção de alcançar o conhecimento de Deus e transmiti-lo a seus irmãos.

Mas se é assim, ou seja, se Deus tem interesse em se revelar, por que, então, temos tanta dificuldade na vida espiritual? Por que muitos pregadores não avançam no conhecimento de Deus, parecendo-lhes sua voz e seu modo de agir tão obscuro? Estou convencido de que uma das razões principais porque isso acontece é sua relação *infantil* com a Palavra de Deus.

Trata-se de algo mais sério do que uma simples ignorância das Escrituras, embora isso por si só já seja um problema cada vez mais comum de se ver. Refiro-me, na verdade, a uma *atitude de fundo* com a qual muitos pregadores lidam com a Bíblia: como se ela fosse um livro de mensagens ou de receitas. Quando leem, buscam nela apenas uma mensagem pessoal, um versículo para enfeitar o caderno de orações ou uma asserção bonita, sem aquela postura séria de escuta, caracterizada por um latente desejo de conhecimento.

Há pessoas que tratam o caderno de oração pessoal quase como "meu diário". Assim, a relação fica revestida de pouca profundidade, marcada pela previsibilidade e, algumas vezes, piegas. A pessoa não assume a atitude de buscar na Bíblia alimento sólido, a fim de ser perfeita em Cristo. Como uma criança que não quer deixar a mamadeira ou a chupeta, ela se recusa a crescer por medo de colocar em dúvida sua fé infantil ou de ser afetada em seus esquemas conceituais fechados.

Foge das passagens mais contundentes, preferindo as mais alegóricas e menos constrangedoras.[1]

Ora, o pregador orante deve dirigir-se à Palavra de Deus de forma madura, interpelando-a e deixando que ela o interpele. Não deve temer as perguntas que ela faz nem se sentir intimidado de fazer os questionamentos que, no fundo, o incomodam. Deve expor-se a ponto de ser constrangido pela Palavra; que ela o instigue até que se sinta desconfortável. Trata-se de uma relação ao mesmo tempo harmônica e conflituosa e que – somente se assim o for – pode ser qualificada de "adulta".

Assim como a Palavra de Deus é "sustentáculo vigoroso para a Igreja, firmeza na fé para seus filhos, alimento da alma, perene e pura fonte de vida espiritual",[2] na vida de um homem espiritual, ela é "o centro incômodo, o desmancha-prazeres, e ao mesmo tempo a razão de ser, uma espécie de déspota imprevisível que, aparentemente, o aliena de si mesmo e de seus semelhantes para, de fato, mergulhá-lo no centro mesmo da realidade".[3] Na vida de um pregador, a Palavra de Deus deve ser, portanto, não uma letra qualquer, ainda que bela e útil, mas o fator-chave de sua relação com Deus, consigo mesmo e com o mundo.

A propósito disso, há um texto muito contundente na Carta aos Hebreus:

---

1 Traço característico desse tipo de comportamento é o de pregadores que procuram justificativas imprecisas para as atitudes de Jesus para com a cananeia ou com Nossa Senhora (cf. Mc 7,24-30; Lc 8,19-21), por medo de que o acolhimento e a ternura de Cristo sejam postos em dúvida.

2 *Dei Verbum*, n. 21.

3 BÍBLIA TRADUÇÃO ECUMÊNICA. São Paulo: Loyola, 1994, p. 707.

> A julgar pelo tempo, já devíeis ser mestres! Contudo, ainda necessitais que vos ensinem os primeiros rudimentos da Palavra de Deus; e vos tornastes tais, que precisais de leite em vez de alimento sólido! Ora, quem se alimenta de leite não é capaz de compreender uma doutrina profunda, porque é ainda criança. Mas o alimento sólido é para os adultos, para aqueles que a experiência já exercitou na distinção do bem e do mal (Hb 5,12-14).

O autor da Carta aos Hebreus manifesta surpresa para com a imaturidade de seus destinatários, tendo em vista que há muito tempo abraçaram a fé. Igualmente, é de admirar que pregadores tão antigos permaneçam necessitando de leite em vez de alimento sólido, ou seja, relacionando-se com a Palavra de Deus sem uma postura adulta.

Certa vez, durante uma confissão, um padre me fez uma pergunta que me deixou bastante pensativo: "Quantos anos você tem?". Após isso, ele se calou. Sua indagação, cujo objetivo ficou evidente para mim, fez-me pensar sobre o modo como estava agindo, cometendo pecados infantis: eu estava comportando-me como uma criança. Esse é o caso dos pregadores que se utilizam da Bíblia infantilmente, sem nenhuma perspectiva de crescimento para si e para seu ministério.

Encontrei-me certa vez com uma pessoa que, referindo-se a uma peraltice de sua filha pequena, disse-me: "Minha filha comeu Gênesis 1". Eu lhe respondi: "Ufa, por pouco não comia o fruto proibido". As crianças podem lidar com a Escritura sem nenhum comprometimento com ela. Mas os pregadores, conforme se supõe, já são adultos e aos adultos deve ser dado alimento sólido. Para esses, um procedimento infantil é inadmissível, uma vez que os torna incapazes de compreender as mensagens mais profundas.

São Paulo é outro que adverte: "Quando eu era criança, falava como criança, pensava como criança, raciocinava como criança. Desde que me tornei homem, eliminei as coisas de criança" (1Cor 13,11). No princípio da vida espiritual, é normal que o pregador orante contente-se com aquilo que a Bíblia diz, com as mensagens evidentes, com um entendimento superficial, com a abertura aleatória. Pois, como às crianças, o "leite" o sacia. Entretanto, o crescimento exige alimento sólido.

Graças a Deus que eu fui criado no nordeste do Brasil. Mamei até os dois anos de idade, mas quando acabou o leite de minha mãe, eu não tive alternativa. Passei a comer cuscuz de milho, feijão e rapadura. Acho que por causa disso, aprendi cedo que não podia continuar buscando alimento brando. No começo de minha vida espiritual, eu me contentava com imagens de "luzes e cachoeiras" que obtinha durante a oração pessoal ou comunitária. Exultava quando Deus me falava: "Eu te aprecio e te amo" ou "Eu sou o caminho, a verdade e a vida". Mais adiante, passei a sentir necessidade de perguntar: "Amas-me como?", "O que é o amor?", "O que é a verdade?". Perguntas para as quais obtive respostas após longos períodos de busca e meditação.

A relação infantil com a Palavra de Deus caracteriza-se pela: a) lentidão para compreender ("Com o tempo, já devíeis ser mestres"); b) necessidade excessiva de mediações ("Necessitais que vos ensinem os primeiros rudimentos"); c) incapacidade de compreensão profunda, decorrente do medo de que a fé pessoal seja desarrumada ("Porque ainda é criança"). Ao contrário, a relação adulta é marcada pela: a) perspicácia na percepção, fruto da busca; b) relação direta com o objeto, dispensando mediações infantis; c) maturidade para se deparar com aquilo que é incompreensível.

A espiritualidade de um pregador orante passa necessariamente por uma relação adulta com a Palavra de Deus. Trata-se da atitude fundamental de ler a Escritura com postura responsável. A Bíblia é uma espécie de "mapa do tesouro", sendo que o conhecimento de Deus contido nela é absolutamente inesgotável. Cabe ao pregador penetrar nesse universo, ainda que de forma gradativa, para alimentar sua vida espiritual e servir melhor a seus irmãos através do ministério que Deus lhe confiou.

Daí também a necessidade de que, incansavelmente, o pregador dedique-se à leitura orante da Bíblia. O clássico método da *Lectio Divina* tem-se demonstrado útil, oportuno e atual.[4] Ele consiste em quatro passos a serem dados sequenciadamente: leitura, meditação, oração e contemplação. Através da leitura, o orante conhece o que o texto diz em si mesmo, sendo importante aqui o mínimo de compreensão a respeito dos estilos literários e do contexto histórico, geográfico e cultural dos livros da Bíblia. Essa compreensão ajuda a evitar equívocos exegéticos ou mesmo que se atribua arbitrariamente à Escritura aquilo que

---

[4] Talvez eu frustre a expectativa de alguns, pois não me proporei aqui a "ensinar a fazer" a *Lectio Divina* ou mesmo aprofundar sua compreensão. Já existe ótima literatura sobre o assunto. O leitor poderá encontrar algumas indicações nas referências bibliográficas deste livro. Entretanto, pontuarei brevemente as etapas do método para situar aqueles que, eventualmente, desconheça-o completamente.

ela efetivamente não diz. Portanto, a leitura é um ato simples, visando ao entendimento genérico da mensagem tal como ela é.

A leitura deve ser atenta, pausada e respeitosa. Não precisa ler muita coisa, se a pessoa não tem muito tempo. É mais importante a qualidade daquilo que entende e absorve do que a quantidade de informações obtidas de uma só vez. Essa postura prepara uma melhor meditação, que é o segundo passo da *Lectio Divina*. Por meio dela, o orante descobre o que o texto diz diretamente a ele. Deus sempre tem uma mensagem pessoal importante, que pode ser percebida a partir de um único versículo ou de um aspecto particular do que se leu. Atingido por essa palavra, o orante deve nela se deter, procurando descobrir ainda mais seu significado vivencial, momento em que "outro livro está aberto: o da vida".[5]

A oração é o que o texto faz a pessoa dizer, uma espécie de resposta a Deus que pode ser de súplica, arrependimento, louvor, agradecimento, adoração etc. Esse é o momento, por assim dizer, mais espontâneo da *Lectio Divina*, uma vez que o orante faz aquilo que a Palavra nele suscita. A contemplação, enfim, é o momento em que, envolvida nessa escalada, a pessoa já percebe Deus *fazendo* algo nela. Por isso, predomina o silêncio e o abandono, pois é como se o Senhor Deus "interrompesse" a oração para realizar sua vontade. Assim, no dizer do monge Guido II: "Buscai na leitura e encontrareis na meditação; batei pela oração e encontrareis pela contemplação".[6]

---

5   Cf. CATECISMO DA IGREJA CATÓLICA, n. 2706.

6   A leitura orante da Bíblia é praticada desde as primeiras comunidades cristãs, com o termo "lectio divina" sendo atribuído a Orígenes (185-254 d.C.). No entanto, foi somente por volta de 1150 que o monge cartuxo Guido II sistematizou o método nessa escalada de quatro passos (cf. IRMÃO

A meu ver, a leitura orante da Bíblia deve ser feita pelo pregador, mais do que por outros cristãos, sempre *sob a perspectiva do conhecimento*. Em outras palavras, ele deve tratar a Escritura como o "mapa do tesouro" por meio do qual alcançará o conhecimento do qual tem sede e que precisa transmitir. Sempre que se dirigir à Bíblia, o pregador orante anseia e aguarda *revelação*. É por meio da Escritura que ele atinge a condição de homem adulto, ocasião em que sua pregação também amadurecerá, servindo não para infantilizar as pessoas (como é o caso de muitas hoje), mas para capacitá-las para toda boa obra (cf. 2Tm 3,17).

Nesse particular, é fundamental não transformar o método numa técnica estéril desprovida de profetismo.[7] Dependendo do modo como é feito e ensinado, a *Lectio Divina* pode infantilizar em vez de fazer crescer. Este não é um problema do método, mas do modo de executá-lo. Isso ocorre, sobretudo, quando o orante se preocupa demasiadamente com o balizamento das etapas. Ou quando está mais ocupado em cumprir as fases do que em ouvir a Deus, não raras vezes, interrompendo uma oração fluente porque, por exemplo, "precisa" fazer a contemplação e não há tempo para as duas coisas.

Recordo-me aqui de um irmão que, durante uma oração comunitária, não percebeu que todos os companheiros ha-

---

JACKSON. *Lectio Divina*. Disponível em <http.www.irnovajerusalem.com.br>. Consulta em 27 de junho de 2012).

7   Já chamei a atenção sobre alguns problemas do uso do método da *Lectio Divina*, propondo um caminho mais livre e adequado à dinâmica de vida dos tempos atuais (cf. SOUSA, Ronaldo José de. *Pregador ousado*: novos elementos para a formação de pregadores. Aparecida: Editora Santuário, 2005, p. 21-26). Aqui, retomo brevemente essa discussão com a intenção de ressaltar a importância de ler a Escritura deixando-se guiar pelo Espírito.

viam saído do local onde rezavam e pôs-se a profetizar: "O Senhor está me dizendo...". Antes de completar a frase, ele abriu os olhos e viu que estava só. E saiu com esta: "Ah! Depois o Senhor fala!". Quem se guia pelo método da *Lectio Divina*, porém de forma técnica, corre o risco de deixar para depois aquilo que o Senhor quer falar naquele momento.

Qualquer prática espiritual deve ser conduzida pelo Espírito Santo e não controlada metodicamente. Assim, no decorrer da leitura, da meditação e, especialmente, da oração e da contemplação, o espírito humano pode ser esclarecido e tocado pelo Senhor de diversos modos. Ele deve estar aberto às novas moções, deixando-se guiar por Deus ainda que não "complete" o percurso, pois a *Lectio Divina* não é um "dever de casa", mas um caminho de conhecimento.

A Escritura é como uma mesa posta, farta de alimento. São João Crisóstomo chama Jesus de "nosso Moisés",[8] pois assim como aquele líder hebreu feriu a rocha e fez brotar torrentes de água (cf. Êx 17,6), assim também – adverte o santo doutor – Jesus toca na mesa espiritual e faz jorrar as fontes do Espírito. Ora, este alimento eterno que está sob a mesa é a Eucaristia, mas é também a Palavra. Ela não é obscura, porque servida pelo próprio Filho de Deus.

Por causa desse significado simbólico, gosto de ler e meditar a Bíblia pondo-a sobre uma mesa. Recordo-me de que a Sabedoria construiu sua casa, abateu seus animais, misturou o vinho e pôs à mesa. Em seguida, ela enviou suas criadas para anunciar em diversas partes: "Os ingênuos, venham aqui;

---

8 Cf. Moisés e Cristo. In: *Liturgia das Horas*. V. II, p. 141.

quero falar aos sem juízo: vinde comer de meu pão e beber do vinho que misturei. Deixai a ingenuidade e vivereis, segui o caminho da inteligência" (cf. Pr 9,1-6). Recordo-me, outrossim, que assim como a Sabedoria, Jesus também convida os homens a seu banquete (cf. Jo 6,35.51).

É como se Deus me preparasse uma refeição farta, capaz de invejar meus inimigos (cf. Sl 22,5). Eu me sacio na Palavra e encho "minha aljava", isto é, meu coração, de conhecimento para servir a meus irmãos (e minha alegria consiste em colocar tudo à disposição dos outros). Adquiro uma ciência que, constato empiricamente, não provém de mim. Num momento, ela me parece inacessível. Aí me lembro da encarnação do Verbo, de sua paixão, morte e ressurreição. Sobretudo, lembro-me do modo como Jesus penetrou o céu e me introduziu no conhecimento de Deus. Apenas confio, e minha fome é saciada.

2. É Ele que nós anunciamos

É sobretudo por exigência de seu ministério que os pregadores têm a obrigação de ler a Bíblia em perspectiva de conhecimento. Caso contrário, há um grande risco de que sua pregação torne-se repetitiva, composta de jargões costumeiros que nada acrescentam à vida das pessoas ou que as mantêm imaturas. Em algumas ocasiões, as palestras ficam tão redundantes que nem o próprio pregador aguenta. Daí também o desânimo e a vontade de desistir.

As consequências de uma pregação que não provém da leitura orante da Bíblia são muitas e variadas. É possível citar algumas:[9]

a) Pregação intelectiva

É aquele tipo de pregação interessante, mas sem teor vivencial. O conteúdo apresenta-se numa secura capaz de atrair apenas outras pessoas com tendências intelectuais. É como um fato que me contaram, de um pai agricultor que pediu a sua filha universitária que arrancasse uma plantinha comumente chamada em nossa região de "berduega". Diante da incapacidade da filha de identificar à qual das plantas ele se referia, o pai disparou: "Por isso que eu não dou valor a estudo: tanto tempo na universidade e não sabe o que é uma berduega".

A pregação intelectiva é assim: resulta do mero estudo e até pode ser importante, mas não tem operacionalidade prática, não converte, nem provoca os ouvintes. Será ainda mais assim, tanto quanto estiver dissociada do testemunho de vida do pregador, que pode ser muito inteligente e um excelente expositor, mas estará anunciando uma letra morta caso seu anúncio não seja referendado pelas obras. Diz São Gregório: "Há uma lei para o pregador: que faça

---

[9] Os exemplos que cito aqui são de afirmações públicas e, portanto, *ipso facto*, asserções colocadas para julgamento de todos; isso me exime de qualquer dilema ético, muito embora, às vezes, altero os fatos ou os personagens (não substancialmente), para evitar constrangimentos ou para garantir o anonimato das pessoas envolvidas.

o que prega".[10] Nesse particular, antes o conhecimento do que a eloquência (cf. 2Cor 11,6).

b) Pregação espetacular

Esse tipo de pregação é muito comum hoje e sua característica principal é que está centrada no significante e não no significado, na forma e não no conteúdo. Isso implica dizer que "a prédica, como elemento racional que tem a responsabilidade de articular a inteligência da fé (fazer teológico) dá lugar a um tipo de pregação psicossomática que procura provocar efeitos físicos: lágrimas, risos, arrepios, êxtases etc.".[11]
Esse é o exato momento em que os pregadores deixam de ser arautos das doutrinas religiosas para se comportarem como animadores de auditório. A pregação espetacular abre mão da exegese, pois esta coloca em risco sua credibilidade e em dúvida suas proposições espasmódicas. Ela também rompe com a perspectiva escatológica (pleiteando exclusivamente a recompensa temporal) e geralmente está repleta de redundâncias e pouca novidade (a não ser as novidades superficiais, os modismos). Se a preocupação da retórica clássica está centrada na *persuasão*, a retórica espetacular ocupa-se da *sedução*.[12]

---

10 Apud SANTO ANTONIO DE PÁDUA. In. *Liturgia das Horas*, v. III, p. 1357.

11 RAMOS, Luiz Carlos. *A pregação na Idade Mídia*: os desafios da sociedade do espetáculo para a prática homilética contemporânea. São Bernardo do Campo, 2005, 280 p. Tese (Doutorado em Ciências da Religião) – Universidade Metodista de São Paulo, São Bernardo do Campo, 2005, p. 78. A excelente tese deste teólogo protestante é a melhor discussão que já vi a respeito dessa tendência atual de espetacularização da pregação.

12 Cf. Ibid., p. 78-79.

c) Pregação especializada

Alguns pregadores acomodam-se tanto na relação com a Escritura que preferem especializar-se em temas particulares: doutrina ou falsas doutrinas, o amor de Deus, família, carismas do Espírito Santo, entre outros. Na verdade, eles especializam-se em falar de assuntos sobre os quais têm segurança, a fim de não arriscarem sua imagem.

Há também aqueles que pregam somente para públicos específicos: casais, jovens, terceira idade etc. Outros, ainda, dão sempre um jeito de inserir asserções para as quais eles já sabem que há bom acolhimento, tais como: denúncia dos meios de comunicação, valorização do casamento, questões morais diversas, testemunhos de curas; e isso, independentemente do tema que estão abordando.

É natural que um pregador interesse-se por algumas áreas ou tenha mais carisma para determinados públicos. No entanto, quando isso traduz uma acomodação no percurso de conhecimento que ele está obrigado a fazer, estamos diante de alguém que não age responsavelmente com o dom e o chamado que recebeu. A "especialização", nesses casos, é o resultado de seu pouco esforço de buscar conhecimento, e não do interesse ou de um carisma específico.

Certa vez alguém me pediu para analisar e dar uma opinião a respeito de um determinado pregador. Entregou-me uma pregação em áudio. Era uma preleção muito entusiasmada, com boa comunicação, mas toda ela centrada em denúncias. O que ouvi não era suficiente para emitir uma opinião. Disse à pessoa que me consultou: "Gostaria de vê-lo pregando o Evangelho". Isso porque alguns pregadores podem ser muito bons ao fazer denúncias, mas se perdem quando precisam anunciar Cristo, pela carência de conhecimento bíblico e vivencial.

Como consequência, tendem a dar respostas simplistas do tipo: "O Brasil vai mal porque a gente não reza", "A Igreja está arrefecida porque não há sacerdotes santos". A amplitude dessas questões não permite reduzir suas causas a uma única coisa, ainda que baseada no Evangelho. Outrossim, acabam-se gerando mitos como aqueles que consideram que somente casados podem pregar para casais, somente jovens podem falar para jovens, padres para padres e assim sucessivamente. Se assim o fosse, o Evangelho poderia estar comprometido em circunstâncias muito comuns, especificamente naquelas em que não há pares para pregar.

Recordo-me de um padre amigo muito inteligente que, sentado a meu lado, acompanhava o discurso de um colega durante uma assembleia eclesial. O sacerdote que havia tomado a palavra advogava em favor da referida tese da paridade na evangelização. Para ele, padres não sabiam pregar para casais porque nunca casaram; leigos não poderiam pregar para padres porque nunca foram ordenados e assim por diante. Meu amigo inteligente, tão ranzinza quanto, resmungava a meu lado: "Agora pronto! Ginecologista nunca pariu e sabe fazer um parto. E os padres vão evangelizar quem? Os outros padres? Desse jeito, o papa não vai ter o que fazer".

d) Pregação "nada a ver"

"Nada a ver" é um aforismo para designar a pregação que sai de foco. Ela não tem nada a ver com o tema, com o momento ou com o público. Lamentavelmente, tenho visto esse tipo de pregação ocorrer com bastante frequência em homilias, mediante falas que se distanciam e muito das leituras bíblicas ou da vivência prática. Aliás, não é fácil fazer homilias. E com o preparo que damos a nossos sacerdotes nessa matéria, fica ainda mais difícil.

Quando o padre começa com: "Estamos no quarto domingo do tempo comum" ou com "No evangelho de domingo passado...", já fico desconfiado. Essas introduções podem revelar divagações para ganhar tempo, um tempo precioso que temos para anunciar Cristo.

No Brasil, aproximadamente cinquenta e três milhões de pessoas frequentam diária ou semanalmente a Igreja Católica, muito provavelmente a missa dominical.[13] Pouquíssimas instituições dispõem de tanta gente para escutar sua mensagem de forma presencial. E por que não conseguimos influenciar essas pessoas? Em grande medida, não tenho dúvida, por causa da má qualidade de nossas homilias.

---

13 Segundo dados do IBGE (2010), existem 123,2 milhões de católicos no Brasil; uma pesquisa realizada pelo CERIS (2002) em regiões metropolitanas indicou que 43,7% dos católicos possuem frequência diária ou semanal à Igreja (cf. FERNANDES, Silvia Regina Alves. Prática religiosa e participação social. In: CENTRO DE ESTATÍSTICA RELIGIOSA E INVESTIGAÇÕES SOCIAIS (CERIS). *Desafios do catolicismo na cidade*: pesquisa em regiões metropolitanas brasileiras. São Paulo: Paulus, 2002, p. 100). O número de frequentadores da missa aqui estimado deduz-se do cruzamento dessas duas informações.

Certa vez fui a uma missa que, coincidentemente, estava sendo celebrada em sufrágio da alma de um falecido. Era missa de sétimo dia. Essas solenidades são ótimas oportunidades para evangelizar, porque pessoas que nunca frequentam a Igreja, ali estão presentes pelo fato de serem parentes ou amigos do morto. Nessas ocasiões, fico deveras inquieto quando, na hora da homilia, o padre começa a divagar.

Na missa em questão, o sacerdote esqueceu completamente de se referir às leituras bíblicas e passou cerca de vinte e cinco minutos falando a respeito do falecido e de suas qualidades. No fim da cerimônia, um amigo me interpelou: "Gostou da missa?". Enfastiado e nervoso, não contive: "Demais! Para mim foi ótima, pois já conheço Jesus e não conhecia o falecido (saio daqui com um novo conhecimento). Mas quem não conhecia Jesus e sim o morto, provavelmente voltou pra casa sem nenhum acréscimo".

Não tenho a intenção de desqualificar nosso culto ou desprovê-lo de significado só porque alguns sacerdotes não correspondem em sua pregação. Às vezes me culpo pela naturalidade com que critico. Mas a frequência com que exemplos desse tipo acontecem me deixam deveras preocupado. Já vi padres iniciarem suas homilias com frases como: "Eu não concordo com Jesus" ou "O Evangelho de hoje é muito difícil de pregar". Sem falar nos equívocos teológicos que, de vez em quando, são cometidos. No limite, participei de uma missa em que o sacerdote desenvolveu um raciocínio que culminava numa tese reencarnacionista.

Esse problema é percebido pelo público em geral, embora

este não saiba sistematizar sua crítica. Por isso, reclamam com frases genéricas do tipo: "Não gostei do padre", "Não entendi o que ele falou" etc. A matéria também preocupou o papa Bento XVI, que manifestou sua visão na Exortação Pós-Sinodal *Sacramentum Caritatis*, nestes termos: "Pensando na importância da palavra de Deus, surge a necessidade de melhorar a qualidade da homilia; de fato, esta constitui parte integrante da ação litúrgica, cuja função é favorecer uma compreensão e eficácia mais ampla da Palavra de Deus na vida dos fiéis" (n. 46).

E mais recentemente na *Verbum Domini*:

> Devem-se evitar tanto homilias genéricas e abstratas que ocultam a simplicidade da Palavra de Deus, como inúteis divagações que ameaçam atrair a atenção mais para o pregador do que para o coração da mensagem evangélica. Deve resultar claramente aos fiéis que aquilo que o pregador tem a peito é mostrar Cristo, que deve estar no centro de cada homilia. Por isso, é preciso que os pregadores tenham familiaridade e contato assíduo com o texto sagrado; preparem-se para a homilia na meditação e na oração, a fim de pregarem com convicção e paixão (n. 59).

Esses exemplos referidos e outros que dispensam citar são, na maioria das vezes, equívocos decorrentes de pouca leitura orante da Bíblia. Alguns pregadores, quando muito, conseguem até fazer uma boa mensagem, porém sem profetismo, sem profundidade e sem precisão.

Não tenho como afirmar que essas pregações não apresentam frutos. Ainda que minguados, muito provavelmente eles existam. Não descarto nem mesmo a possibilidade de que conversões ocorram através delas. Mas isso se deve à bondade e à misericórdia de Deus, que se aproveita de tudo para alcançar seus filhos distantes. Pode decorrer também da grande abertura do coração de alguém, tão propenso à experiência religiosa que a faz por qualquer caminho.

Além disso, é muito natural que os pregadores iniciantes cometam equívocos como os que citei. Espero que os principiantes não se assustem nem se deixem intimidar com minhas palavras. Eu me recordo da primeira vez em que preguei. Um desastre! Incumbiram-me de falar sobre Nossa Senhora, talvez achando que esse era um tema fácil. Eu cometi todos os erros técnicos que se possa imaginar. Durante os quase quarenta minutos em que falei, eu espirrava sem parar, o nariz escorria. Era de causar nojo, não fosse por uma gentil moça que me abastecia de lenços de papel. Eu não disse coisa com coisa.

No entanto, no fim do evento várias pessoas foram dar seus testemunhos pessoais. Entre elas, uma jovem confessou que estava com a cabeça cheia de ideias protestantes daquelas que descaracterizam Nossa Senhora. Ela disse: "E quando Ronaldo falou sobre Maria, meu coração encheu-se de novo de amor e respeito pela mãe de Jesus". Essa jovem era a mesma que me dava lenços de papel para eu assuar o nariz.

Portanto, não tenho dúvidas de que Deus se utiliza de tudo. Mas tenho para mim que aquele milagre (porque foi um verdadeiro milagre que alguém tenha sido tocado por meu discurso) foi concedido por Deus com a intenção de me animar, para que eu não desistisse de continuar pregando. Seria uma grande irresponsabilidade de minha parte se tivesse, a partir de então e sob pretexto de que "é Deus quem faz", assumido uma atitude negligente para com o preparo de minhas palestras e com o percurso de conhecimento o qual me sinto impulsionado a fazer.

A leitura orante da Bíblia sob a perspectiva do conhecimento é indispensável para alimentar a pregação. Pois a Revelação Pública, não obstante concluída, está constantemente sendo explicitada. Os pregadores são os principais responsáveis por "traduzir" a Revelação, esquadrinhá-la, desvelá-la, não para seu prazer, mas em benefício da formação dos outros cristãos. Essa explicitação não deve servir para acomodar as pessoas, mas para provocá-las a também buscarem o alimento espiritual proveniente da Escritura. Conforme adverte São Pedro: "Cada um de vós ponha à disposição dos outros o dom que recebeu: a palavra, para anunciar as mensagens de Deus; um ministério, para exercê-lo com uma força divina, a fim de que em todas as coisas Deus seja glorificado em Jesus Cristo (1Pd 4,10-11a).

A pregação fruto da leitura orante da Bíblia tem a capacidade de incitar os ouvintes a procurar a fonte. O texto paulino em epígrafe neste capítulo dá como que um panorama teológico e prático a respeito do ministério da pregação. Pois São Paulo destaca que a Palavra de Deus era um mistério escondido, mas que foi revelado aos santos. Para que esta revelação fosse manifesta, Deus constituiu ministros com a incumbência de anunciá-la, ou seja, de advertir e instruir os homens a seu respeito, visando levá-los à perfeição cristã. O anúncio deve ser cheio de sabedoria. Por causa disso é que o pregador do Evangelho deve dedicar-se com esmero à contemplação orante do mistério: "Para isso me esforço e luto – diz São Paulo – sustentado por sua poderosa energia que habita em mim" (Cl 1,29).

Isso significa que a vida espiritual de um pregador não diz respeito exclusivamente a ele. De modo especial, a leitura e a contemplação da Palavra de Deus não é um exercício do qual se utiliza somente para seu próprio crescimento na vida cristã. A oração do pregador, sobretudo a *Lectio Divina*, deve estar a serviço de sua pregação. Porque "é Ele que nós anunciamos" e esta é uma missão com a qual comprometemos toda a nossa vida, inclusive nossa espiritualidade pessoal. Como adverte Santo Isidoro:

> Dupla deve ser também a preocupação com o que devemos ler: primeiramente, procurar compreender a Escritura; depois, explicá-la com a devida reverência para proveito do próximo. Evidentemente, só quem procura compreender o que leu está apto para explicar o que aprendeu.[14]

O pregador orante pensa sempre em seus irmãos. Por isso, traz no coração essa *expectativa de revelação*.[15] Quando lê a Palavra, *atém-se pacientemente* aos textos, não se contentando apenas com o que o texto diz. Ele segue a recomendação do autor da Carta aos Hebreus: "Prestai atenção para não deixar de ouvir aquele que vos fala" (Hb 12,25a).

Quando medita e reza, o pregador orante não procura apenas uma mensagem pessoal evidente, mas, antes quer descobrir o significado mais profundo daquilo que Deus está falando, com o intuito de comunicar aos outros. Por essa razão, pode ficar dias ruminando um único texto, fazendo perguntas, enveredando por

---

14 In: *Liturgia das Horas*. V. II, p. 1520.
15 Cf. SOUSA, Ronaldo José de. *Pregador ousado. Op. cit.*, p. 19.

um caminho de conhecimento que, certamente, só conseguirá percorrer se conduzido pelo Espírito Santo. Enquanto a redenção potencializa o conhecimento de Deus, o Espírito Santo, agindo no interior do homem, é quem o capacita para a compreensão da largura e do comprimento, da altura e da profundidade do amor de Cristo, que excede todo conhecimento (cf. Ef 3,16-19).

O pregador orante não deixa escapar nada do que contempla. Anota tudo, organiza, guarda zelosamente. É como se possuísse um depósito do qual retira, sempre que necessitar, coisas novas e velhas (cf. Mt 13,52). Diante de Deus, ele avalia sobre o modo como transmitir aos outros o que lhe foi comunicado; o conhecimento que é como um perfume (cf. 2Cor 2,14). Para que diga, ele e aqueles para quem prega: "Junto a ti está a Palavra, em tua boca e em teu coração" (Rm 10,8a).

Uma pregação que decorre da leitura orante da Bíblia torna-se, por assim dizer, "mais" pregação. Porque se tornou, antes, oração, vivência, experiência, conhecimento. Não se pode exercer o ministério da pregação sem essa relação pessoal e direta com a Palavra de Deus. Ela é a possibilidade de revelação atual mais concreta. E nós precisamos, por amor às pessoas, lançar mão desse "segredo revelado".

Capítulo IV

ELE NÃO CONSEGUIU PERMANECER OCULTO
A caminho da maturidade espiritual

"Saindo dali, foi para o território de Tiro. Entrou numa casa e não queria que ninguém soubesse, mas não conseguiu permanecer oculto" (Mc 7,24).

1. Os cachorrinhos comem das migalhas

Uma abordagem desse episódio do encontro de Jesus com a cananeia já foi feita por mim.[1] Mas gostaria de retomá-la aqui, ainda que de modo sintético, para basear minha percepção a respeito de como considero que se desenrola um itinerário em vista da maturidade espiritual, algo muito necessário para a vida dos pregadores. Se carecer contextualizar melhor, o leitor pode, antes de continuar, consultar minha abordagem anterior e, na íntegra, o texto bíblico de Mt 15,21-28 que resumo a seguir:

> Jesus partiu dali e retirou-se para os arredores de Tiro e Sidônia. E eis que uma cananeia (...) gritava: "Senhor, Filho de Davi, tem piedade de mim! Minha filha está cruelmente atormentada por um demônio". Jesus não lhe respondeu palavra alguma. Mas aquela mulher veio prostrar-se diante dele, dizendo: "Senhor, ajuda-me!" Jesus respondeu-lhe: "Não convém jogar aos cachorrinhos o pão dos filhos"."Certamente, Senhor", replicou-lhe ela,"mas os cachorrinhos ao menos comem as migalhas que caem da mesa de seus donos...". Disse-lhe, então, Jesus: "Ó mulher, grande é tua fé! Seja-te feito como desejas". E na mesma hora sua filha ficou curada.

O Evangelho diz que Jesus foi para a região de Tiro e Sidônia, território pagão distante de Jerusalém, ao norte, depois da

---

[1] Cf. SOUSA, Ronaldo José de. *Pregador ungido. Op. cit.,* p. 34-38.

Galileia. A narração correspondente de Marcos (em epígrafe) esclarece que o Mestre tinha a intenção de ocultar-se por algum tempo, o que poderia ser facilitado pelo fato de que, naquelas cidades, ele era menos conhecido. No entanto, uma mulher siro-fenícia o localizou e, com uma motivação bem pragmática, gritava insistentemente e pedia que lhe curasse a filha. Enquanto isso, Jesus permanecia calado, atitude que beira a indiferença para com aquela sofredora.

É muito ruim quando uma pessoa com a qual falamos permanece calada e não reage a nossas interpelações. É pior do que quando recebemos um "não", caso estejamos solicitando algo. A indiferença provoca raiva e indignação. No caso em questão, a postura de Jesus tenderia a resultar numa grande decepção para aquela mulher e em sua consequente desistência de continuar pedindo. Este seria o desfecho mais provável para aquela relação que ali se iniciava.

Surpreendentemente, a cananeia insistiu. Seus gritos foram tão obstinados que incomodaram os discípulos de Jesus (cf. Mt 15,23). Eles passaram a interceder por ela, conquanto a motivação não fosse tão "santa" assim. Mas quando disseram "despede-a", não estavam solicitando simplesmente que Jesus mandasse a mulher embora, e sim que atendesse logo a seu pedido para que ela mesma, satisfeita, se destinasse a partir. E os deixasse em paz.

Jesus, enfim, resolveu dizer algo. Mas (aqui pra nós) parece que melhor seria se tivesse ficado calado. A expressão "eu não fui enviado senão às ovelhas perdidas da casa de Israel" (cf. Mt 15,24) significa: "Eu não tenho nada a ver com essa mulher". Nas vezes em que li esse texto, cada ação (ou omissão) de Jesus gerava em mim a expectativa de que aquela mulher largasse mão de sua empreitada. Sua persistência, no entanto, assombrava-me a cada passo, tornando a trama ainda mais empolgante.

A cananeia não apenas perseverou, mas também acrescentou novos elementos a sua busca. Após a primeira fala de Jesus, *ela se prostrou* (cf. Mt 15,25). E quando pensamos que sua humilhação irá amolecer o coração do Mestre, vem a pancada: "Não convém jogar aos cachorrinhos o pão dos filhos" (Mt 15,26).

Ainda não encontrei alguém (ou um livro) que me explicasse satisfatoriamente por que razão Jesus aderiu de modo tão explícito à mentalidade cultural do povo judeu, que considerava os pagãos como cães. Inclusive porque, no conjunto de sua mensagem, Jesus contesta esse exclusivismo de Israel. Aqui é como se Ele agisse de modo contrário a seus próprios princípios.

Alguns pregadores (mais técnicos) tentam explicar essa postura de Jesus dizendo que ele ainda estava amadurecendo seu pensamento e, portanto, permanecia condicionado a sua cultura. Outros, mais preocupados em *justificar* Jesus (como se Deus precisasse de nossas justificativas), dizem: "Não, Jesus não chamou aquela mulher de cachorra".[2] De fato, o adjetivo não deve ser entendido no sentido em que atribuímos hoje, com grau altíssimo de pejoratividade. Mas, ao menos indire-

---

2   No limite, já ouvi pregadores dizerem que esta foi "uma palavra de amor".

tamente, ele qualificou, sim, aquela mulher de "cachorra", na acepção em que compreendiam os judeus: como pessoa não pertencente ao povo eleito e, portanto, impura.

Isso não significa que Jesus cometeu um pecado ou que agiu com desamor, pelo que será posto adiante. O fato é que, em decorrência da fala do Mestre, a cananeia superou-se em criatividade. Na verdade, agiu com uma sabedoria estupenda: "Certamente, Senhor, replicou-lhe ela, mas os cachorrinhos ao menos comem as migalhas que caem da mesa de seus donos" (Mt 15,27). Uma sabedoria que lhe rendeu a cura da filha, mas não apenas isso. O percurso culminou com um elogio de Jesus, satisfeito que estava por tê-la conduzido à maturidade espiritual.

Explico-me melhor. Para além de uma narração de mais um milagre feito por Jesus, essa passagem bíblica contém um itinerário espiritual, no qual uma pessoa que busca[3] *deixa-se conduzir* e faz uma experiência de fé que redunda em maturação. A exemplo do que fez com a samaritana, Jesus dirigiu essa mulher estrangeira ao conhecimento de Deus, se bem que por um caminho mais arriscado.

Esse caminho só pode ser constatado através da observação da passagem bíblica em seu conjunto e não em suas afirmações pontuais. Creio que isso nos exime de ficar tentando explicar ações ou palavras isoladas de Jesus, ainda que estas nos deixem confusos. O que temos aqui? Como disse, um itinerário espiritual completo, composto dos seguintes passos:

---

3   Conforme já adverti, a "busca" pertence à própria natureza da oração.

a) Na origem, a busca (v. 22)

Não existe oração se não existir a atitude de buscar a Deus, ainda que a motivação seja de caráter pragmático, mercenário até. Este era o caso da cananeia. No início, tudo o que ela queria era a cura da filha e essa razão foi que, maiormente, fez com que ela se pusesse à procura do Messias.

Ainda hoje, muitas pessoas buscam a Deus por razões muito práticas: sofrimento, problemas pessoais, doenças, perdas, situações de solidão etc. Tenho para mim que, para Deus, não importa o pretexto, e sim a atitude. É por esta razão que nós pregadores temos de, de algum modo e em alguma medida, dar respostas aos anseios pragmáticos das pessoas, ainda que suas motivações sejam interesseiras.

Qualquer tipo de busca pode desencadear um percurso espiritual. Obviamente, Deus não pretende manter as pessoas infantilizadas. A meta é que *todos* alcancem o pleno conhecimento do Filho de Deus e atinjam a estatura da maturidade de Cristo (cf. Ef 4,13). Também nós não devemos pretender que elas permaneçam dependentes de nossa oração e de nossas palavras animadoras. Mas Deus sabe aguardar o momento certo. O objetivo final do Senhor é sempre se dar a conhecer tal como Ele é, ainda que para isso tenha que, inicialmente, atender ao mercenarismo humano. Com a cananeia foi assim: conquanto imatura, a busca foi o elemento provocativo de uma relação mais profunda.

b) No início, os gritos (v. 22)

Quando iniciamos a vida espiritual, nossa oração, na maioria das vezes, não passa de "gritos". Por isso incomoda tanto, principalmente aqueles que não rezam. Alguns querem forçar o amadurecimento precoce, dando lições a respeito da meditação ou do silêncio. Ora, sendo a oração um impulso do coração e estando o orante no início de sua caminhada, geralmente ele sente necessidade de expressar seus anseios e pode não saber fazê-lo de outro modo.

Por isso, é necessário paciência. Os "gritos" são uma fase da vida de oração. Tende a passar, ou pelo menos a não ficar só nisso. Ademais, o uso da emotividade na oração, que desemboca quase sempre em expansividade e, algumas vezes, em estágios de exaltação, deve ser visto com positividade, na medida em que expressa a entrega total do orante a Deus, incluindo sua subjetividade. Como aquele publicano que *batia no peito e clamava* por piedade e que voltou para casa justificado, ao contrário do fariseu que se vangloriava *em silêncio*, mas nenhum proveito tirou de sua oração (cf. Lc 18,9-14).[4]

No texto bíblico que estamos comentando, Jesus é quem menos parece preocupado com os gritos da cananeia, ao contrário dos discípulos. Assim também certamente não se incomoda com a superficialidade da oração de quem ainda não galgou os degraus mais elevados da vida espiritual. Ele sabe que se trata de uma etapa do caminho que, se seguido perseverante e atentamente, redundará mais adiante em intimidade fecunda.

---

4   Cf. SOUSA, Ronaldo José de. *Fogo sobre a terra*. Op. cit., p. 18-19.

c) Na sequência, a humilhação (v. 25)

Quis Deus que, no trajeto espiritual da cananeia, tivesse uma etapa em que ela se humilharia. Pode chegar esse momento em nossa vida também. Quando imergidos na aridez, na decepção ou no desânimo, em vez de desistir, devemos reconhecer nossa incapacidade e nos prostrar diante de Deus, recorrendo a sua misericórdia. A humilhação faz parte da vida de muitos orantes, o que pode incluir uma sensação semelhante a que deve ter tido a cananeia: a de que Deus não se importa conosco.

Acredito que a ausência de Deus nessa fase é pura impressão. Na verdade, este é o momento em que Deus está mais atento do que nunca, porque se trata de um instante crucial, porquanto uma fase de passagem para a sabedoria. Na verdade, "veio Iahweh e ficou ali presente" (cf. 1Sm 3,10a). Não podemos prever por qual via prática Deus nos conduzirá. Mas devo alertar que Ele nos surpreende e pode utilizar-se de coisas inusitadas para nos fazer crescer.

Como no caso da cananeia. Aquela palavra dura ("Não convém jogar aos cachorrinhos o pão dos filhos") queira ou não foi o que estimulou (para não dizer "determinou") a *passagem* da cananeia para a etapa de onde dificilmente poderia voltar: a sabedoria dos humildes. É necessário compreender a afirmação de Jesus no contexto desse trajeto, pois qualquer outra explicação (para testar, para provar etc.) pode ser refutada.

Há um tempo, um piloto de avião fez um pouso na água, muito arriscado, pelo fato de que a aeronave estava com problemas mecânicos. Ele conseguiu salvar a todos os passageiros e virou herói. Sua foto e seu feito foram publicados em jornais do mundo inteiro. A notícia repercutiu no Brasil, onde uma emissora de televisão, centrada no fato, realizou uma entrevista com um experiente aviador nacional. A repórter lhe fez a seguinte pergunta: "O piloto agiu corretamente ao pousar na água?". Ao que o experiente aviador respondeu: "Em aviação, o correto é aquilo que salva a vida das pessoas".

Achei aquela resposta tão interessante e me lembrei do que Jesus fez com a cananeia. Cheguei à conclusão de que, em se tratando de vida espiritual, o melhor jeito de agir é aquele que conduz à maturidade e não ao infantilismo, ainda que se corram riscos. Foi isso que Jesus fez. À pergunta que não quer calar ("Por que Jesus a tratou daquela maneira e com palavras tão duras?"), só tenho uma resposta: não se sabe, mas deu resultado.

d) No momento decisivo, a sabedoria (v. 27)

Pode-se dizer que Jesus arriscou-se ao fazer aquela afirmação contundente (v. 26). Certamente, ele sabia qual era a medida daquela mulher, mas não podia descartar a hipótese de que ela não suportasse tamanho golpe. Mas tinha que ser! Era o itinerário que a faria crescer em conhecimento. A coragem de Jesus deu à cananeia a possibilidade de chegar no liame da maturidade, num momento decisivo, no qual ela precisava agir com sabedoria.

Quando estão nessa fase, muitos substituem a sabedoria pelo desespero. Por isso não amadurecem. Fazem como alguém que percorre um caminho e, ao chegar à parte mais árida, estaciona. Qualquer um concordaria que, nessas circunstâncias, esta não é a melhor coisa a fazer. Mas já vi muitas pessoas que assumiram atitude assemelhada depois de iniciar sua vida de oração. Aderiram à "cultura do imediato", presente nos dias de hoje, que faz com que as pessoas não tenham paciência, recusem qualquer sofrimento e humilhação. Para quem transfere essa perspectiva para a vida espiritual, qualquer coisa é razão para desistir.

É preciso continuar buscando, como fez a cananeia. No momento decisivo, ela acrescentou um ingrediente a mais a sua perseverança, a saber, a sabedoria: "Certamente, Senhor, replicou-lhe ela, mas os cachorrinhos ao menos comem as migalhas que caem da mesa de seus donos". Que palavra! Que beleza! Aquela mulher não era culpada de ter uma filha doente nem de ser estrangeira. Ela poderia ter ido para casa e passado o resto de sua vida lamentando e responsabilizando os outros por sua situação. Mas ela preferiu tomar a cargo sua vida, pois se não o fizesse naquele momento, ninguém faria por ela e dessa omissão poderia ser imputada. Quando ouviu a réplica da cananeia, no íntimo, Jesus deve ter vibrado: tinha dado tudo certo.

e) No desfecho, a maturidade (v. 27)

O desfecho de tudo é a maturidade espiritual. A impressão que se tem ao ler essa passagem bíblica é a de que a cananeia conseguiu, enfim, seu objetivo, ou seja, a cura da filha. Mas tenho para mim que quem atingiu maiormente o alvo foi Jesus, em sua empreitada de "direção espiritual": ele a conduziu à maturidade.

No que consiste a maturidade espiritual da cananeia? Em saber viver do pouco. Isso está implícito na própria declaração daquela mulher. Para ela, as migalhas são suficientes para alimentar, desde que caiam da mesa de Deus. Talvez fosse exatamente isso que Jesus estava querendo que ela compreendesse. Essa percepção é capaz de livrar os orantes de viver procurando apenas consolações e novidades.

Todo itinerário espiritual é progressivo, mas não se caminha para o êxtase. Caminha-se para a maturidade, o que é bem diferente. Crescer em conhecimento não significa necessariamente fazer experiências místicas. Na maioria das vezes, o orante faz, em sua fase de maturação, a experiência de viver do pouco. Não se trata de uma ausência de Deus, mas de outro modo de perceber sua presença. A intimidade e a confiança do orante lhe permitem um "sentido de presença" de Deus tão grande que ele não espera manifestações ostensivas, embora elas ocorram ocasionalmente. No cotidiano, apega-se e sacia-se com as menores palavras que lhe são dirigidas por seu Senhor. Faz delas um alimento imperecível e uma fonte inesgotável.

Note-se que, quando falo de oração como conhecimento, não estou pleiteando uma busca frenética por novidades, em sentido consumista, o que pode originar uma frustração ao se deparar com o rotineiro e com o pouco. Tampouco, ignoro que a vida espiritual é habitual e redundante em certa medida. Mas aquilo que alguns chamam de "rotina" (com conotação positiva), eu chamo de "estabilidade". Pois a oração estável não é necessariamente monótona ou "a mesma coisa sempre".

E entendo, por outro lado, que uma grande ilusão da vida espiritual é considerar que a porção que Deus nos deu é insuficiente. Especialmente no caso dos pregadores. Alguns chegam a ficar cobiçando o dom dos outros ou a quantidade de conhecimento que Deus permite que outrem receba. Isso se chama inveja.

Tem um filme emblemático nesse sentido. Trata-se de "Amadeus", sobre a vida do famoso músico austríaco Wolfgang Amadeus Mozart. A trama desenvolve-se em torno da frustração do maestro Saliere, que, apesar de ser um bom músico, cobiça a genialidade de Mozart. No filme, sua cupidez o leva à loucura. Há uma cena marcante no final em que ele assume a postura de uma espécie de sacerdote e sai absorvendo os medíocres. Na verdade, ele não era medíocre, apenas não soube aproveitar aquilo que possuía, preferindo lamentar-se pelo que *não* possuía.

É o caso de alguns pregadores. Assumem atitude semelhante quando contemplam e meditam a Palavra de Deus requerendo grandes revelações, desconsiderando que o conteúdo de sua pregação pode estar em tão pouco. Segundo Santo Efrém, um diácono pregador do século IV, a Palavra de Deus é uma fonte inexaurível, na qual deixamos sempre mais do que aproveitamos. É ele quem adverte:

Se, portanto, alguém alcançar uma parcela desse tesouro, não pense que este seja o único conteúdo desta palavra, mas considere que encontrou apenas uma porção do muito nela contido. Se só esta parcela esteve a seu alcance, não diga que essa palavra seja pobre e estéril, nem a despreze. Pelo contrário, visto que não pode abraçá-la totalmente, dê graças por sua riqueza. Alegra-te por seres vencido, não te entristeças por te ultrapassar.[5]

Essa exortação chama a atenção para que o orante, em primeiro lugar, nunca pense que esgotou a Palavra de Deus ou que conhece tudo a seu respeito. Nem mesmo considere que aquilo que conhece seja a melhor ou a mais perfeita compreensão, pois é apenas uma porção. Em segundo lugar, Santo Efrém convida a não desprezar nenhuma "migalha" que caia da mesa de Deus, ainda que ela pareça insuficiente; mas, ao contrário, a dar graças pela grandeza da sabedoria divina que ultrapassa em muito a capacidade humana de entender.

Obviamente, conforme já advoguei aqui, a atitude do orante deve ser sempre de conhecer mais. Na verdade, esta é a experiência que fazemos na vida de oração: a sede de conhecimento. Contudo, a busca deve ser temperante, pois:

> O sedento enche-se de gozo ao beber e não se aborrece por não poder esgotar a fonte. Vença a fonte tua sede, mas não vença tua sede a fonte. Pois, se tua sede se sacia sem que a fonte se esgote, quando estiveres novamente sedento, dela poderás beber. Se, porém, saciada tua sede também se secasse a fonte, tua vitória redundaria em mal.[6]

---

5 In: *Liturgia das Horas*. V. III, p. 173.
6 *Ibid.*, p. 174.

Santo Efrém ainda faz uma afirmação belíssima:"Aquilo que recebeste e a que chegaste é *a tua parte*. O que sobrou é *tua herança*" (grifos meus). Essa consciência deve ser adquirida pelo orante sincero. Pois, ao contentar-se com o que recebeu e, ao mesmo tempo, experimentar a carência de conhecimento, sentir-se-á ainda mais motivado a buscar aquilo que está em Deus, e lhe pertence por herança. A qualquer momento, se perseverar, poderá receber mais, ainda que pouco, pois "os cachorrinhos comem as migalhas que caem das mesas de seus donos".

2. Mulher, grande é tua fé

É interessante perceber que o percurso através do qual Jesus conduziu a cananeia é bem diferente daquele por onde ele dirigiu a samaritana. Esta teve um encontro casual com Jesus, enquanto que a cananeia o descobriu intencionalmente. Em Samaria, os discípulos não se meteram; em Tiro, eles foram intercessores. Com a samaritana, Jesus insistiu até fazê-la compreender. Na relação com a cananeia, a insistência foi da mulher. O desfecho também foi diferente. No primeiro episódio, aquela que acolheu o Evangelho saiu dando testemunho de Jesus; no segundo, foi Jesus quem testemunhou: "Mulher, grande é tua fé".

Esses dois itinerários e seus diferentes desenlaces induzem a pensar que há diversos caminhos e possibilidades de se chegar à maturidade espiritual. É Deus mesmo que guia cada um daqueles que a Ele busca e se entrega, levando em conta, certamente, a história pessoal, as condições concretas e as características individuais. Conquanto haja uma meta comum, a individualidade dos orantes faz com que os itinerários sejam bem específicos, de tal modo que é difícil prever ou justificar as ações de Deus durante o trajeto, ou saber quais as fases pelas quais Ele quer que cada um atravesse.

Certa vez, ouvi um depoimento de um sacerdote católico que me chamou a atenção. Ele disse que seu despertar vocacional aconteceu pelo fato de que a mãe de sua namorada sempre o questionava a respeito da possibilidade de ele ser padre. Pensei comigo: já vi Deus mandar anjos e santos para comunicar mensagens, mas nunca tinha escutado falar de *uma sogra* sendo enviada para provocar uma decisão tão importante. Certamente, isso era necessário naquela situação.

Deus cuida de cada um pessoalmente. E isso vale também para a vida espiritual. O Espírito Santo conduz individualmente e não em classes ou grupos. Porque as pessoas são diferentes, não há receitas predeterminadas para a vida de oração. Há apenas indicações. Podemos familiarizar-nos com o modo de Deus agir e até desvendar os percursos que ele faz em alguns casos, mas nunca podemos determinar como Deus fará com cada um.

Aqui entra um elemento importante: o orante precisa estar atento a essa direção, obedecendo a cada ordem ou inspiração. É o Senhor mesmo quem caminha com ele, percorrendo um trajeto que não é determinista, mas *construído* no interior da própria relação. Nesse particular, é muito importante o discernimento. Uma situação de escassez de moções, por exemplo, pode sinalizar a carência de algo (mediação, ambiente adequado, abertura e sinceridade da parte do orante, medo de ouvir a Deus) ou denotar uma fase mesma do trajeto espiritual que Deus traçou para a pessoa.

O discernimento é preferível a qualquer solução simplória. Às vezes, queremos resolver tudo de forma precipitada, com base em nossos devocionismos ou na inexperiência que temos com as coisas espirituais. Assim, achamos que, por exemplo, se nos confessarmos vamos superar uma fase de aridez, porque consideramos que nossa falta de interioridade provém da quantidade dos nossos pecados. Ou então queremos resolver tudo com o terço tal, a novena tal, a missa, ou recebendo a oração de alguém. Essas soluções simplistas conduzem a dúvidas e conflitos ainda maiores. É necessário procurar discernir por onde Deus está nos conduzindo.

Muitos encaram a vida de oração com uma mentalidade quantitativa. Por isso, avaliam que precisam "rezar mais" para crescer em intimidade. Já vi gente que parece ter muita piedade, mas não consegue crescer em conhecimento. Pessoas assim acabam achando que serão ouvidas à força das palavras (cf. Mt 6,7). Ora, algumas coisas são apenas aparentemente simples de resolver. Na maioria das vezes, será preciso *discernir* bem para saber percorrer a estrada na qual Deus coloca seus sinais.

Nosso itinerário espiritual não precisa ser igual ao da cananeia. Mas certamente precisamos de uma fé semelhante a sua para chegar à maturidade. Aquela mulher (a respeito de quem não se sabe nem o nome) era tida como alguém não crente. Jesus, no entanto, conhecia seu coração. Ele que havia viajado para se ocultar (cf. Mc 7,24b), perante a busca daquela mulher, *não conseguiu permanecer oculto*.

Na verdade, Jesus atualizou de um modo particular sua propensão a se revelar. E, perante o sucesso daquele itinerário espiritual, não conteve o elogio: "Mulher, grande é tua fé". Falava isso por causa da cura da filha que ela havia conseguido; mas, antes, falava da maturidade a que chegara aquela mulher mediante sua experiência de confiança e abandono em Deus.

Capítulo V

CONDUZIDO PELO ESPÍRITO, TENTADO PELO DEMÔNIO
Desvendando o teor da batalha espiritual

"Jesus, pleno do Espírito Santo, voltou do Jordão; era conduzido pelo Espírito através do deserto durante quarenta dias e tentado pelo Diabo" (Lc 4,1-2a).

1. Livrai-nos do Mal

No decorrer de minha reflexão sobre a oração como conhecimento, senti-me impulsionado, quiçá pelo Espírito Santo, a ler as Escrituras procurando identificar o modo de agir do Diabo. Em princípio, resisti a iniciar essa empreitada desprazerosa. Eu me perguntava por que razão deveria deixar de lado a busca pelo conhecimento de Deus para dedicar-me a entender seu inimigo, personagem o qual eu não tinha o menor interesse em conhecer.

O que me convenceu a fazê-lo foi a lembrança de que Jesus, logo após seu batismo, foi *conduzido pelo Espírito Santo* ao deserto e, ali, travou uma batalha com o Diabo. Ora, o episódio do Jordão foi *uma revelação de Deus*. Assim sendo, concluí que uma investigação sobre o Diabo poderia ser uma consequência natural da busca do Senhor. Nas narrativas do Evangelho, esses dois acontecimentos da vida de Cristo aparecem em íntima conexão. É como se a experiência de Deus (que em certo sentido Jesus fez por ocasião de seu batismo) desencadeasse um combate espiritual.

Preocupado com os conceitos, busquei, antes, uma definição de quem seja o Diabo, o que encontrei no Catecismo da Igreja Católica, quando este explica sobre os dois últimos dos sete pedidos do Pai-nosso (não nos deixeis cair em tentação, mas livrai-nos do mal): "Neste pedido – diz o Catecismo – o Mal não é uma abstração, mas *uma pessoa*, Satanás, o Maligno, o anjo que se opôs a Deus".[1]

Muitos cristãos consideram que, quando fazem essa oração, estão pedindo para que Deus os livre de acontecimentos ruins. De fato, rogamos ao Senhor que nos proteja das coisas funestas. Contudo, "livrai-nos do mal", antes, deve ser entendido como uma expressão que suplica a Deus para que Ele nos livre de *uma pessoa* e de suas obras. Tanto que a expressão "Mal" no catecismo está com a letra inicial maiúscula.

Ora, se o Diabo é uma pessoa, ele deve ser referenciado como tal (e esse é o primeiro passo para entendê-lo). Satanás dispõe dos elementos constitutivos de uma pessoa: autodefinição, sentimentos, vontade própria etc. Entre esses elementos está a possibilidade de conhecer (que é próprio das pessoas). O conhecimento é uma realidade à qual os seres inanimados ou irracionais não têm acesso.

Acontece que todo conhecimento, em última análise, provém de Deus. Os anjos e os seres humanos possuem a capacidade de conhecer porque a receberam do Senhor. Igualmente, a possibilidade de crescer em conhecimento deriva da relação com Deus. No caso do Diabo, essa possibilidade existiu apenas enquanto ele obedeceu a seu Criador, obediência e amor que o fazia desenvolver sua ciência.

---

[1] N. 2851 (grifo meu). "Sob o nome de Satanás (hebraico: *satan*, o adversário), ou o Diabo (grego: *Diábolos*, o caluniador), ocorrendo os dois nomes quase que com igual frequência no Novo Testamento, a Bíblia designa um ser pessoal, invisível por si mesmo, mas cuja ação ou influência se manifesta quer na atividade de outros seres (demônios ou espíritos impuros), quer na tentação" (cf. COMUNIDADE JAVÉ NISSI. *Angiologia e demonologia*: estudo. Pouso Alegre: Renovação Carismática Arquidiocesana, s/d., p. 4).

Justamente pelo fato de ser pessoa, o erro histórico do Diabo, que está na origem do mal, provocou consequências não somente para a humanidade, mas também para ele próprio e para todos os anjos que o seguiram na rebelião. Fundamentalmente, essa consequência pode ser definida como *a perda da capacidade de progredir em conhecimento*. O conhecimento cessou para o Diabo a partir do momento em que ele deixou de amar. O que os réprobos viverão após a morte, o Diabo já vive: a angústia de não conhecer (que deve ser terrível).

Aqui, estou referindo-me a um tipo específico de conhecimento: aquele que provém do amor e que é, por assim dizer, o verdadeiro conhecimento. Obviamente, o Diabo, assim como os outros anjos decaídos, conservou sua capacidade de indagar e deduzir a respeito do mundo material e espiritual, interessando-se especialmente pelas questões conceituais. Ele é capaz de captar e processar elementos inteligíveis, talvez de forma cumulativa, encontrando prazer ou sofrimento nessa captação. Como ser puramente espiritual, a inteligência do Diabo é superior à humana.[2]

Entretanto, ele promoveu (por vontade própria e irrevogável) uma ruptura com a fonte do conhecimento (deixou de fazer a experiência de Deus, interrompeu a vida espiritual, vivida intensamente até a consumação de sua atitude histórica de rompimento com o Criador). Por causa disso, embora por natureza intelec-

---

2   Cf. FORTEA, José Antonio. *Summa Daemoníaca*: tratado de demonologia e manual de exorcistas. Tradução de Ana Paula Bertolini. São Paulo: Palavra e Prece, 2010, p. 36. Recorrerei frequentemente a essa obra, por julgá-la deveras esclarecedora quanto aos mecanismos que envolvem a batalha espiritual.

tualmente superior aos homens, o Diabo é inferior em sua capacidade de conhecimento, por assim dizer, *criativo*. Ele é astuto, mas a astúcia é apenas uma remontagem inteligível a partir de elementos já existentes. O verdadeiro conhecimento caracteriza-se pela inovação, pela criatividade, que só pode provir do amor, que é essencialmente "criador". Sob o influxo da graça, de qualquer pessoa é possível brotar algo novo. Do Diabo não.

A cultura pentecostal, tanto protestante quanto católica, contribuiu para que se construísse uma imagem do Diabo como um ser criativo em suas estratégias. Fala-se das "artimanhas do Inimigo" como se ele fosse capaz de nos surpreender e, por causa disso, o temermos em demasia. Pura encenação! Por isso, considero que aquele que faz um percurso de conhecimento de Deus (o homem que vive vida espiritual, aquele que ama), não pode ser mais ingênuo do que um ser que deixou de amar. Conforme adverte Fortea: "A capacidade de amar foi aniquilada na psicologia do demônio. Ele conhece o amor, porém não ama".[3]

Isso se reflete em seu modo de agir. A inalterabilidade da ação do Diabo pode ser percebida na vida dos santos. Os enfrentamentos que estes fazem com Satanás são substancialmente idênticos. A ação de Deus na história humana é sempre surpreendente; a do Diabo, nunca. Conforme adverti no capítulo anterior, Deus conduz cada pessoa de um modo singular. Satanás é uma espécie de "diretor espiritual" de mão única: para fazer perder os homens, tenta levá-los sempre pelos mesmos caminhos. Referindo-se à obstinada vida ascética de Santo Antão, Santo Atanásio diz: "Mas o demônio, que odeia e

---

3 *Ibid.*, p. 36.

inveja o bem, não podia ver tal resolução num jovem e se pôs a empregar *suas velhas táticas* contra ele" (grifo meu).

Justamente pelo fato de ter *interrompido* o relacionamento com Deus é que o Diabo nem é completamente ignorante com relação ao amor e nem conhecedor deste. *Ele é medíocre.* A carência de amor afeta, por assim dizer, a criatividade do ser pensante, embora este mantenha sua consciência, sua astúcia e seu saber intelectivo. É assim que, desde a queda, a atitude básica do Diabo é imitar a Deus. Uma imitação como que pelo avesso, porque nem Satanás, nem seus anjos têm acesso à criatividade de Deus. A imitação é feita somente a partir daquilo que ele conheceu e dos elementos que lhes são oferecidos pelo conhecimento humano, pois sua capacidade criadora foi interrompida.

É por isso que "não ignoramos suas intenções" (cf. 2Cor 2,11b). Na verdade, o Diabo tem uma estratégia *ordinária* de ação, que é a tentação. É seu trabalho óbvio, razão pela qual ele é chamado de "o tentador" (cf. Mt 4,3). Numa escala evolutiva (tentação, infestação, possessão), a tentação é a tática mais comum e talvez a mais perigosa no contexto da batalha espiritual. O Diabo infunde em nossa inteligência, memória e imaginação, espécies inteligíveis que, em princípio, em nada se distinguem de nossos próprios pensamentos. Qualquer anjo tem essa capacidade, sem necessitar de nenhum meio.[4]

Pelo que pude observar no Evangelho, na história da Igreja e em minha própria experiência de vida espiritual, não há criatividade na tentação. É possível até estabelecer alguns elementos que a caracterizam:

---

4 Cf. FORTEA, José Antonio. *Op. cit.*, p. 44.

a) Apela para o lado mais obscuro do homem[5]

Os demônios procuram explorar as matérias nas quais cada pessoa é mais fraca, a fim de rendê-la mais facilmente. Eles rondam procurando enxergar as virtudes menos praticadas e as paixões mais fortes no indivíduo. Numa palavra: as inconsistências do homem. Elas são como uma "porta" para a tentação. Pode ser a dimensão erótica, afetiva, profissional, familiar etc. Os demônios tentarão talvez pela via da autoimagem e do temperamento. Não importam quais sejam, conquanto que encontrem as áreas frágeis. Daí a necessidade de um verdadeiro autoconhecimento funcional, ou seja, de que o homem conheça, ele mesmo, essas inconsistências, para que não seja surpreendido pela tentação (cf. Lc 12,39).

b) Manifesta-se, sobretudo, em momentos de fragilidade psicológica

O apóstolo Pedro adverte: "Sede sóbrios e vigilantes! Eis que vosso adversário, o diabo, vos rodeia como um leão a rugir, procurando a quem devorar" (1Pd 5,8). A analogia é acertada. Por que um leão fica rodeando a presa, sem atacá-la de imediato? Certamente porque espera o melhor instante para agredir. Igualmente, além de mirar a matéria, o

---

5 Cf. NAVONE, John. Tentação. In: FIORES, Stefano; GOFFI, Tullo (orgs). *Dicionário de Espiritualidade*. São Paulo: Paulinas, 1989, p. 1125.

Diabo aguarda o momento mais oportuno para atacar. Esse momento não é outro senão o período de maior fragilidade psicológica da pessoa.

Por exemplo, quando alguém passa por dificuldades no casamento, surgem tentações de adultério. Se está insatisfeito no trabalho, pode ser tentado a trair o sócio. Se vive uma carência financeira, poderá encher-se de dúvida quanto à veracidade da vida fraterna em sua comunidade cristã. E assim por diante.

A impressão que se tem é a de que surgem mais oportunidades de pecar quando se está em crise pessoal. Talvez não seja exatamente isso que aconteça. As oportunidades não aumentam (pelo menos não em razão da crise), apenas estão mais bem visibilizadas por causa da tentação que sobrevém à pessoa justamente na ocasião de dificuldade. Por isso, a fragilidade psicológica deveria desencadear maior vigilância espiritual por parte da pessoa.

c) Quer sempre transformar qualquer coisa não definitiva em centro de interesse definitivo[6]

A tentação tende a ser uma espécie de diálogo em que o Diabo quer convencer a pessoa de que uma coisa acidental é, na verdade, algo essencial e indispensável para sua vida. Coisas circunstanciais podem transformar-se em prioridades absolutas. Por exemplo: um bem material, objeto de

---
6 Cf. *Ibid.*, p. 1128.

caráter transitório, assume ares de algo mais importante do que se dedicar ao conhecimento de Deus, caso a pessoa se deixe influenciar pela tentação. É assim que muita gente acaba por abandonar sua vida de oração ou a prática sacramental para se dedicar exclusivamente ao trabalho ou ao estudo, com a finalidade de possuir algo. Grande parte desse tipo de situação resulta de tentações.

d) Nunca está acima de nossas forças

Desta vez é São Paulo quem esclarece: "As tentações que vos acometeram tiveram medida humana. Deus é fiel; não permitirá que sejais tentados acima de vossas forças" (1Cor 10,13a). Seria uma incoerência da parte do Senhor permitir que o Diabo tivesse domínio sobre as pessoas. As forças invisíveis do mal não são mais que uma influência e, ao final, cada homem faz o que quer e é responsável por seus atos. Nem todos os demônios do mundo podem obrigar alguém a fazer algo se ele decidiu fazer outra coisa.[7]

A previsibilidade da tentação é o que mais torna – não diria "fácil" mas – possível de que ela seja identificada e vencida. Lutar com o Diabo é como enfrentar um time cuja estratégia de jogo conhece-se de antemão. Os demônios não conseguem eximir-se dessa mesmice, pois se tornaram seres sem criatividade. Eles mentem e não sabem fazer outra coisa. Certa vez, alguém que queria saber se eu acreditava na existência

---
7 FORTEA, José Antonio. *Op. cit.*, p. 79.

do Mal me fez a seguinte pergunta: "Você acredita no Diabo?". Respondi prontamente: "Claro que não, pois ele é o pai da mentira. Não acredito em nada que ele me diz!".

A tentação é previsível, porém não inofensiva. Ela pode inutilizar o anúncio do Evangelho, ou seja, tudo aquilo que uma pessoa absorveu como verdade para sua vida (cf. 1Ts 3,5). Inclusive porque o objeto da tentação pode ser aparentemente bom, capaz de enganar diretores espirituais honestos e pessoas com as melhores intenções. Talvez a tentação seja o principal ingrediente da batalha espiritual, cujo teor, a meu ver, consiste especialmente em quatro elementos. O que se segue procura esclarecer quais são eles.

2. Se és o Filho de Deus

Os dois primeiros elementos da batalha espiritual podem ser encontrados no texto de Mt 3,16—4,11:

> Batizado, Jesus subiu imediatamente da água, e logo os céus se abriram, e ele viu o Espírito de Deus descendo como uma pomba e vindo sobre ele. Ao mesmo tempo, uma voz vinda dos céus dizia: "Este é o meu Filho amado, em quem me comprazo". Então Jesus foi levado pelo Espírito para o deserto, para ser tentado pelo Diabo. Por quarenta dias e quarenta noites esteve jejuando. Depois teve fome. Então, aproximando-se o tentador, disse-lhe: "Se és Filho de Deus, manda que estas pedras se transformem em pães". Mas Jesus respondeu: "Está escrito: Não só de pão vive o homem, mas de toda palavra que sai da boca de Deus". Então o diabo o levou à Cidade Santa e o colocou sobre o pináculo do Templo e disse-lhe: "Se és

Filho de Deus, atira-te para baixo, porque está escrito: Ele dará ordem a seus anjos a teu respeito, e eles te tomarão pelas mãos, para que não tropeces em nenhuma pedra". Respondeu-lhe Jesus: "Também está escrito: Não tentarás ao Senhor teu Deus". Tornou o Diabo a levá-lo, agora para um monte muito alto. E mostrou-lhe todos os reinos do mundo com seu esplendor e disse-lhe: "Tudo isto te darei, se, prostrado, me adorares". Aí Jesus lhe disse: "Vai-te, Satanás, porque está escrito: Ao Senhor teu Deus adorarás e só a ele prestarás culto". Com isso, o Diabo o deixou. E os anjos de Deus aproximaram-se e puseram-se a servi-lo.

a) O sujeito da batalha espiritual é o santo e não o Diabo

Na maioria das vezes em que escutei alguém falar sobre a luta contra o mal, o discurso induzia a pensar que o sujeito da batalha espiritual era o Diabo. Em outras palavras, é como se Satanás tivesse um projeto para as pessoas e estas, ao aderirem ao Evangelho, devessem combatê-lo desesperadamente para não ceder a seus planos. Essa ideia comumente aceita dá ao Diabo a condição *ativa* no combate, como se nossa ação em vista da santidade fosse uma consequência dessa investida demoníaca e como se ser santo significasse apenas lutar contra o pecado.

Ora, isso é um equívoco. Não é absolutamente o que vejo no Evangelho. Vejo, pelo contrário, a ação *de Deus* nas pessoas. Estas aderem a um projeto de vida concebido na relação com o Senhor e, em consequência, originam a batalha espiritual. O combate acontece não porque o Diabo idealiza algo para o santo,[8] e sim porque o mal personificado se interpõe naquilo que foi concebido *por Deus* a partir da relação com a pessoa. "O diabo – diz o Catecismo da Igreja Católica – é aquele que 'se atravessa no meio' do plano de Deus e de sua obra de salvação realizada por Cristo".[9] O Diabo não tem projeto de vida nem para ele mesmo, quanto mais para outrem, pois radicalmente fora de Deus não existe nada positivo a fazer. Não sem razão, Satanás é chamado de "Belial", que quer dizer o "coisa à toa" (cf. 2Cor 6,15).[10]

Quem não tem um projeto de vida, o que faz? Intromete-se no projeto dos outros. É o que o Diabo pratica desde que se tornou demônio. A batalha espiritual gera-se a partir da *afirmação* de vida da pessoa *conduzida pelo Espírito Santo*, aquela mesma que fez a experiência de Deus. Portanto, o santo é o sujeito do combate. É ele que o inicia. É o santo que, com sua postura positiva, desafia o mal dando a conhecer que suas obras são perversas.

Na tentação de Jesus, foi exatamente isso que aconteceu. Antes de ir para o deserto, Jesus viveu a experiência de seu batismo, um momento de revelação de sua identidade fundamental: "Tu és meu filho amado, em quem me comprazo". Essa proclamação (que alguns traduzem "que me aprouve escolher" em vez de "em quem me comprazo") estabeleceu a condição essencial de Jesus: filho, escolhido, eleito. O

---

8   "Santo" aqui não deve ser entendido como as pessoas canonizadas ou de virtudes salientes, mas todo aquele que fez a experiência de Deus e caminha na direção da vida de santidade, vocação universal dos cristãos (cf. Fl 4,21-22; 1Cor 1,1; *Lumen Gentium*, n. 40).

9   N. 2851.

10   Cf. Bíblia Tradução Ecumênica, p. 2240.

enfrentamento posterior com o Diabo parece ter sido um efeito direto dessa revelação.

A ida ao deserto é providencial por um lado (no sentido de que se trata de uma etapa importante na vida de Jesus), mas circunstancial por outro,[11] pois é um evento que não ocorre por si mesmo, e sim *como consequência* da experiência de Deus. Note-se que Jesus foi conduzido *pelo Espírito* para o deserto. Isso indica que, ao se sentir escolhido, o santo parte para enfrentar as obras das trevas (com seu testemunho) e, por isso, as tentações são mais fortes em sua vida. Santo Atanásio coloca na boca de Santo Antão estas palavras:

> Vemos que estão presentes em todas as partes, eles e seu chefe, o demônio, e sabemos que sua vontade é má (...); então, se apesar de tudo vivemos, e *vivemos nossa vida desafiando-o*, é claro que não tem nenhum poder (grifo meu).[12]

Alguns consideram que o Diabo se ocupa em tentar mais as pessoas que lideram o povo cristão "porque ele sabe que se derrubá-las, levará a muitos com elas". Essa ideia comumente aceita, a meu ver, não procede. Ela decorre da concepção equivocada que se faz acerca da batalha espiritual, a saber: como uma guerra por almas na qual sairá vencedor aquele que mais almas angariar. No entanto, o lucro do Diabo não depende do número de pessoas que ele conseguir levar ao inferno. Pois

---

11 Isso fica mais evidente no texto correspondente de Marcos, em que Jesus não foi ao deserto "para ser tentado"; ele apenas esteve lá por quarenta dias e sofreu a tentação em decorrência (cf. Mc 1,12-13).

12 Cf. *Vida de Santo Antão*, p. 20.

ele não será nem mais nem menos poderoso com o aumento da quantidade de réprobos. A quantia de almas no inferno não acrescenta nada ao Diabo nem ao próprio inferno.

Ninguém é tentado tanto quanto aquele que se dedica à ascese.[13] Ora, os grandes ascetas cristãos viveram a maior parte do tempo sozinhos no deserto.[14] Em princípio, se caíssem em tentação isso não afetaria a ninguém, a não ser a eles mesmos. Portanto, a intensidade das tentações depende da acuidade do processo de santificação, e não das eventuais funções-chave que alguém possa exercer. As tentações se fazem sentir mais fortemente na vida daqueles que mais se santificam, porque estes o enfrentam com maior intrepidez. Não é o Diabo que escolhe, e sim Deus. O Diabo não sabe escolher, porque não conhece.

Outorgar ao Diabo a condição de sujeito na batalha espiritual é o mesmo que admitir que ele tem um projeto para nossa vida e que o projeto de Deus é somente que nos afastemos do mal. Todavia, o amor é uma atitude positiva, e não um distanciamento de algo. Obviamente, o cristão deve fugir do mal. Contudo, não o faz como algo em si mesmo, e sim como uma decorrência de sua busca de Deus, uma vez que Deus não compactua com o mal. O resultado prático de uma atitude de fuga é que a vida cristã se resume em escapar da

---

13 Cf. FORTEA, José Antonio. *Op. cit.*, p. 80.

14 Santo Antão diz que, enquanto habitava no deserto, recebeu uma visita de Satanás que reclamava: "Que falta encontram em mim os monges e os demais cristãos, sem razão alguma? Por que me expulsam a cada momento? (...) Agora não tenho nem lugar, nem armas, nem cidade. Em toda parte há cristãos e até o deserto está cheio de monges" (Cf. SANTO ATANÁSIO. *Vida de Santo Antão*. Petrópolis: Mosteiro da Virgem, s/d (digitado), p. 24).

tentação, quando, na verdade, ela é um processo contínuo de conhecimento, um "sim" constante a Deus e a sua vontade que, por consequência – e somente por consequência –, implica em dizer "não" a Satanás.

b) O objeto da tentação é a identidade (ou a eleição)

Procurei demonstrar por que o Diabo tenta os homens: porque não tem algo positivo a fazer. Mas qual é seu objetivo? Noutras palavras: aonde ele quer chegar com a tentação? O que deseja que o homem espiritual faça? Uma resposta simplória seria: "Que ele peque". Desconfio que não. O Diabo não quer apenas levar a pessoa a pecar em sentido moral, pois o pecado dos homens não os aniquila cabalmente. Aliás, a falta (e mesmo a culpa) pode oportunizar uma nova e mais intensa aproximação entre o homem e Deus, mediante o arrependimento e o perdão (cf. Lc 7,47).

Na verdade, o fim último da tentação é *fazer com que a pessoa renuncie sua identidade de filho*. Numa palavra: reduzir a nada sua experiência de Deus. Os pecados pontuais seriam apenas etapas gradativas de um percurso que culminaria na abdicação da condição de pessoa eleita, amada e escolhida por Deus. Isso se depreende do formato das duas primeiras tentações sofridas por Jesus: elas invocam sua filiação divina ("se és o filho de Deus") como argumento para motivar ações circunstanciais (transformar pedras em pão e atirar-se da cumeeira do templo).

O mais importante dessas primeiras proposições demoníacas a Jesus, a meu ver, não é transformar pedra em pão ou atirar-se da cumeeira do templo. Tenho para mim que se Jesus tivesse feito essas coisas, em princípio, não aconteceria nada, pois essas ações não podem nem mesmo ser qualificadas como "pecado" em sentido formal. Comumente, os leitores da Bíblia e os pregadores concentram-se onde não está o cerne do litígio: naquilo que propõe o Diabo. Na realidade, Satanás, antes, questiona a identidade de Jesus, aquela que lhe fora revelada no Jordão.

Nos dias de hoje, a tentação continua igual. Ela pode requisitar coisas erradas, mas seu fim último é que a pessoa que fez a experiência de Deus renuncie sua identidade de "filho amado". Por isso, ela questiona essa condição do homem. O objeto da batalha espiritual é, portanto, a eleição divina, o dom gratuito que o homem recebeu de Deus que lhe permite viver com a dignidade de filho e de herdeiro (cf. Rm 8,17). Satanás intenta que a pessoa a ponha em dúvida e, para isso, procura convencê-la de que, afinal, ela não é tão amada assim. Não raras vezes, pessoas que abandonaram a comunidade cristã foram convencidas em seus próprios pensamentos, sem razões objetivas, de que não eram amadas o suficiente nem por Deus e nem pelos irmãos.

A ignorância a esse respeito faz com que a pessoa tentada, embora tenha feito a experiência de Deus autenticamente, entre em diálogo com Satanás ou com um de seus demônios a respeito de algo sobre o que não se deve, em hipótese alguma, conversar com eles: a identidade. Aliás, com o Diabo não se discute nem futebol. Observe-se que, quando enfrenta as duas primeiras tentações, Jesus não responde com argumentos teóricos. Ele não procura justificar Deus, pelo fato de estar sofrendo penúria no deserto, fato que, em princípio, colocaria em xeque a proclamação feita no batismo: se Deus o amava, por que havia permitido que ele se encontrasse naquela situação?

Esse tipo de questão pode passar por nossa cabeça diante de circunstâncias práticas da vida. São perguntas que incomodam e que podem estar sendo feitas por demônios. Mas não é na relação com eles que encontramos as respostas, e sim na relação com Deus. O erro de muitas pessoas consiste em abrir diálogo com o Diabo em questões a respeito das quais *ele é um ignorante*. Fazem como Adão e Eva no paraíso (cf. Gn 3,1-7). No entanto, sempre que não se sentir amado, é diante de Deus que o homem espiritual deve colocar-se. Note-se que, frente às duas primeiras proposições de Satanás, Jesus limitou-se a dar respostas sintéticas que se confrontavam diretamente com as requisições: "Nem só de pão vive o homem" e "Também está escrito". Ele ignorou completamente a insinuação "se és o filho de Deus".

Na terceira e última tentação, o Diabo resolveu ser mais contundente. Não tentou enganar Jesus, mas teve a ousadia de lhe propor diretamente que recusasse sua identidade, renunciasse sua condição de "eleito" pelo Senhor: "Eu te darei todo este poder com a glória destes reinos, porque ela me foi entregue e eu a dou a quem eu quiser. Por isso, se te prostrares diante de mim, toda ela será tua". Adorar a Satanás seria abdicar conscientemente da eleição, no caso, em troca dos prazeres mundanos.

O Diabo continua propondo isso aos homens de todos os tempos. Apenas propondo, porque ele mesmo não pode arrancar o homem de sua condição de remido. E não são poucos os que renegam a Deus cedendo a esta tentação: desconsiderar sua identidade de filho em troca de poder, prazer ou riquezas no mundo. Isso nada tem a ver com pacto formal com o Diabo, e sim com o abandono consciente do caminho de santificação por causa de vantagens ou projetos pessoais seculares. Uma decisão assim pode ser o desfecho de sucessivas quedas em tentações mais simples (pecados veniais ou mortais), contudo motivadas pela dúvida quanto à identidade de filho amado.

Aderir às proposições do Diabo mediante ações circunstanciais, ainda que pecaminosas, traz consequências geralmente reversíveis. Entretanto, cair em tentação semelhante à última que Cristo sofreu significa quase sempre a impossibilidade de retornar, uma vez que implica uma escolha consciente. É nesse sentido que se pode entender as controversas passagens bíblicas de Hb 6,4-6 e 2Pd 2,20-22:

> De fato, os que uma vez foram iluminados – que saborearam o dom celeste, receberam o Espírito Santo, experimentaram a beleza da Palavra de Deus e as forças do mundo que há de vir – e, não obstante, decaíram, é impossível que renovem a conversão uma segunda vez, porque de sua parte crucificam novamente o Filho de Deus e o expõem a injúrias (Hb 6,4-6).

> Com efeito, se depois de fugir às imundícies do mundo pelo conhecimento de Nosso Senhor Jesus Cristo, de novo são seduzidos e se deixam vencer por elas, seu último estado se torna pior do que o primeiro. Assim, melhor lhes fora não terem conhecido o caminho da justiça do que, após tê-lo conhecido, se desviarem do santo mandamento que lhes foi confiado. Cumpriu-se neles a verdade do provérbio: o cão voltou a seu próprio vômito, e: a porca lavada tornou-se a revolver-se na lama (2Pd 2,20-22).

Mas o santo deve manter-se firme, ainda que em meio a tormentas. Quando Santo Antão debatia-se em luta contra os demônios, angustiado, ele clamava o auxílio dos céus. O Senhor veio ajudá-lo, porém tardou-se um tempo. Sendo socorrido, Antão respirou aliviado e perguntou: "Onde estavas tu? Por que não aparecestes no começo para deter minhas dores?". E uma voz lhe falou: "Antão, eu estava aqui, mas esperava ver-te enquanto agias".[15]

3. Foi um inimigo que fez isto

Quanto aos outros dois elementos da batalha espiritual, eles podem ser depreendidos de Mt 13,24-30:

> Propôs-lhes outra parábola: "O Reino dos Céus é semelhante a um homem que semeou boa semente em seu campo. Enquanto todos dormiam, veio seu inimigo e semeou o joio no meio do trigo e foi-se embora. Quando o trigo cresceu e começou a granar, apareceu também o joio. Os servos do proprietário foram procurá-lo e lhe disseram: "Senhor, não semeaste boa semente em teu campo? Como então está cheio de joio?". Ao que este respondeu: "Um inimigo é que fez isso". Os servos perguntaram-lhe: "Queres, então, que vamos arrancá-lo?". Ele respondeu: "Não, para não acontecer que, ao arrancar o joio, com ele arranqueis também o trigo. Deixai-os crescer juntos até a colheita. No tempo da colheita, direi aos ceifeiros: 'Arrancai primeiro o joio e atai-o em feixes para ser queimado; quanto ao trigo, recolhei-o em meu celeiro'".

---

15 Cf. SANTO ATANÁSIO. *Op. cit.*, p. 11.

a) O fruto de tentações transformados em convicções

A parábola do joio e do trigo é muito conhecida, mas talvez ainda pouco explorada em seu conteúdo. Iniciarei fazendo uma analogia: uma pessoa faz a experiência de Deus e sente-se eleita, escolhida; recebe de mestres espirituais conteúdos que a fazem aprofundar sua fé, chegando muitas vezes a se consagrar a Deus ou a exercer um ministério fecundo. Isso é o trigo semeado.

O trajeto parece seguir a contento, até que se percebe que algo mais há no campo de seu coração: elementos que negam o que foi semeado. A pessoa começa a questionar sua opção de vida cristã. O joio é uma espécie de negação do trigo, pois exerce uma função narcótica e inebriante, devido a um fungo venenoso que se esconde debaixo do invólucro da semente.[16] Quem colocou no coração dessa pessoa coisas que põem em xeque sua crença? A própria pessoa? Seus mestres e formadores? Tudo indica que não. Mas alguém colocou "enquanto estes repousavam" (cf. v. 25).

No tempo de Jesus, não era comum vigiar os campos na época da semeadura. Isso induz a concluir que, quando ocorre que alguém absorva argumentos contrários à doutrina cristã que recebeu, isso não é necessariamente resultado nem da negligência dos formadores, nem tampouco da maldade da pessoa que fez a experiência de Deus. Trata-se, na verdade, da ação do Inimigo. "Foi um inimigo que fez isto", discerne o senhor daquela plantação (v. 28a).

---

16 Cf. BETTENCOURT, Estevão Tavares. *Curso sobre parábolas e páginas difíceis do Evangelho*. Rio de Janeiro: Mater Eclesiae, s/d., p. 63.

Com efeito, a esperteza do inimigo não consiste somente em semear o joio enquanto os operários dormem, mas também no fato de semear e *partir* (cf. v. 25). Por que ele faz isso? Para causar a impressão de que o que foi semeado no coração nasceu espontaneamente e é fruto do próprio homem. Este é o momento em que os frutos das tentações tornam-se verdadeiras *convicções*. Isso faz com que a pessoa resista em desfazer-se deles, pois sente como se estivesse abrindo mão de si mesma (ou de algo que lhe pertence, ao qual se sente intrinsecamente ligada).

Nesses casos, a pessoa procurará justificativas para não renunciar o fruto da tentação e quase sempre as encontrará. Os argumentos podem ser bastante piedosos, inclusive. Porque ela transformou o resultado das tentações em convicções (quiçá, em convicções religiosas), ou seja, assumiu como seu aquilo que não é seu. Quando a tentação torna-se convicção, o trabalho de renúncia é mais difícil, pois as proposições demoníacas assumem o mesmo invólucro dos valores do Evangelho. Nisso consiste o principal disfarce de Satanás (cf. 2Cor 11,14).

Justamente por serem parecidas é que essas plantas só podem ser separadas na "hora da colheita". Qualquer tentativa precipitada de solucionar a crise de alguém que permitiu, mediante concessões gradativas, que as sugestões do Mal se confundissem com suas convicções pessoais pode resultar em insucesso. As raízes de ambas estão entrelaçadas e, portanto, será necessário aguardar o tempo certo. Entretanto, chegado o momento, não se pode deixar para depois. Na colheita, deve ser arrancado (violentamente) o que se absorveu de ruim e recolhido tudo o que for bom.

b) A principal arma da batalha espiritual é o discernimento dos espíritos

A semelhança entre as espécies inteligíveis comunicadas pelos demônios e nossos próprios pensamentos é o que determina que a principal arma na batalha espiritual seja o discernimento dos espíritos e não a penitência, as orações de libertação, os exorcismos etc. Embora cada uma dessas coisas seja importante, de nada adianta combater sem identificar adequadamente onde reside e quando ocorre a ação do Mal.

Há pessoas que se munem de tudo quanto é devocional (água benta, sal exorcizado, exorcismo de São Miguel, cruz de São Bento etc.) e esquecem-se de discernir, ou seja, de distinguir entre as inspirações divinas, as motivações humanas e as sugestões do Diabo. Esse conhecimento é um dom. Não pertence a nós, mas nos foi dado por aquele que é a fonte de todo conhecimento.

O discernimento dos espíritos não depende da percepção racional ou do conhecimento religioso, mas é uma graça que ajuda a identificar, seja qual for o objeto, qual é o espírito que está animando determinada proposta. Uma tentação não se apresenta com o rótulo de "tentação". Interiormente, tudo é vivido pelo homem como um turbilhão de informações e sentimentos. Por isso, na batalha espiritual, nada é mais necessário do que o discernimento.

Enfim, é preciso recordar que a existência do Diabo é um fato que nos coloca não em relação a ele, mas serve para revelar que estamos situados numa história que transcende a própria humanidade e envolve também seres puramente espirituais. Essa transcendência da história é algo gravíssimo, pois "a presença de Satanás, o tentador, alerta-nos constantemente que o pecado é uma possibilidade e que a condenação eterna não é uma pura hipótese".[17] Por outro lado, sabemos que a dedicação ao plano de salvação que Deus projeta para cada um de nós coloca-nos na condição de vencedores, aqui mesmo no mundo, até que, em breve, o Deus da paz esmague Satanás definitivamente sob nossos pés (cf. Rm 16,20a).

---

17 TERRA, João Evangelista Martins. *Apud* COMUNIDADE JAVE NISSI. *Op. cit.*, p. 2.

Capítulo VI

CONSAGRA-TE A TEU MINISTÉRIO
Espiritualidade pessoal e a missão de pregar

"Tu, porém, sê prudente em tudo, paciente nos sofrimentos, cumpre a missão de pregador do Evangelho, consagra-te a teu ministério" (2Tm 4,5).

1. Tenho compaixão deste povo

Há um texto do Evangelho de São Marcos do qual se pode extrair algo bastante significativo para os pregadores:

> Naqueles dias, como fosse novamente numerosa a multidão, e não tivessem o que comer, Jesus convocou os discípulos e lhes disse: "Tenho compaixão deste povo. Já há três dias perseveram comigo e não têm o que comer. Se os despedir em jejum para suas casas, desfalecerão no caminho; e alguns deles vieram de longe!". Seus discípulos responderam-lhe: "Como poderá alguém fartá-los de pão aqui no deserto?". Mas ele perguntou-lhes: "Quantos pães tendes?". "Sete", responderam. Mandou então que o povo se assentasse no chão. Tomando os sete pães, deu graças, partiu-os e entregou-os a seus discípulos, para que os distribuíssem, e eles os distribuíram ao povo. Tinham também alguns peixinhos. Ele os abençoou e mandou também distribuí-los. Comeram e ficaram fartos, e dos pedaços que sobraram levantaram sete cestos. Ora, os que comeram eram cerca de quatro mil pessoas. Em seguida, Jesus os despediu (Mc 8,1-9).

Uma multidão numerosa seguia Jesus. Tudo indica que o Senhor pregava para ela em pequenos grupos, pois em sua época não havia serviço de amplificação de som e era humanamente impossível se fazer ouvir, ao mesmo tempo, por grande contingente de pessoas. Talvez por isso Jesus tivesse, mesmo com as pessoas que não eram seus discípulos formais, uma relação que o tornava capaz de identificar suas necessidades.

Conquanto fossem, muito provavelmente, seguidores apenas ocasionais de Jesus, as pessoas que o acompanharam naquele dia demonstraram uma grande capacidade de perseverança. Mantiveram-se ali durante três dias, alguns certamente aguardando que Jesus estivesse mais próximo, para ouvi-lo ou obter dele um favor. De qualquer modo, foram capazes de superar as dificuldades inerentes a essa permanência.

Vendo a situação daquele povo, Jesus teve compaixão. Por isso, reuniu os discípulos e *partilhou* com eles os sentimentos de seu coração e a visão que tinha da situação. Esta visão, ele parece querer que os discípulos também a tenham: a misericórdia pelo povo que sofre, tanto de necessidade material quanto da carência de bens espirituais.

Os pregadores de hoje devem, igualmente, partilhar desse olhar de Jesus. É necessário que eles contemplem, sobretudo, a miséria do mundo sem Deus. Não se trata de ter uma visão sociológica do sofrimento alheio, mas de uma apreciação que decorre substancialmente da fé. Uma análise social pode ser feita por qualquer pessoa. Para os pregadores, não é suficiente constatar os males do mundo, mas também identificá-los à luz da fé e sentir suas consequências. Para isso, eles precisam estar em consonância com o coração de Deus.

O que Jesus queria era que seus discípulos sentissem "paixão com" ele, ou seja, que se envolvessem subjetivamente naquela situação, fazendo do sofrimento alheio seu próprio sofrimento. Não requisitava uma leitura "de cima", muito menos um sentimento de "pena", mas algo que os comprometesse e impedisse de serem passivos diante da realidade observada, ainda que esta fosse de difícil solução. Note-se que a primeira reação dos discípulos diante do que Jesus partilhou foi de pessimismo: "Como poderá alguém fartá-los de pão aqui no deserto?" (v. 4). E eles tinham razões bem concretas para pensarem assim.

Entretanto, Jesus tentou imediatamente mudar o foco dos discípulos. Ele perguntou: "Quantos pães tendes?" (v. 5). Sua intenção parece clara: fazer com que seus seguidores desviem o olhar daquilo que eles *não têm* (e das dificuldades inerentes a essa carência) e se concentrem naquilo que *efetivamente têm*. Há um grande ensinamento nisso.

No ministério da pregação, os ministros devem aprender a vislumbrar os desafios com positividade. Não no sentido de "pensamento positivo", mas com a atitude de perceber, antes, aquilo que têm e que podem utilizar em favor da evangelização. Assim, antes de contemplarem o mundo fechado ao Evangelho, devem lembrar-se de todas as riquezas de que dispõem: os dons, os sacramentos, a Igreja, a Bíblia, o acolhimento, a fraternidade etc. Mirar em primeiro lugar as dificuldades conduz mais facilmente ao desânimo, pois significa dar a primazia àquilo que se opõe a nós.

Conta-se que dois sábios interpretaram um sonho de um rei. O rei havia sonhado que seus dentes caíam quase todos, restando apenas um. Um dos sábios disse: "Ó rei, todos os teus parentes vão morrer, só ficará o senhor". E o rei, decepcionado com o prelúdio da perda dos familiares, mandou matar o sábio. O outro intérprete disse a respeito do significado do sonho: "Ó rei, viverás mais do que todos os teus parentes". E o rei o cobriu de presentes. A interpretação foi substancialmente a mesma, o que mudou foi o foco de visão. E tal foco não significou apenas um modo diverso de ver as coisas, mas gerou uma consequência bem diferente.

No exercício do ministério da pregação, não dá para ficar pensando no que falta. Atenção para o que se tem! Não se trata de ignorar as circunstâncias concretas que muitas vezes nos impedem de fazer algo melhor (recursos, pessoas, apoio). Mas de contemplá-las à luz da fé que move montanhas (cf. Mt 17,20). Jesus não pede aos pregadores para resolver os problemas do mundo, mas apenas que entreguem os dons de que são portadores. Quantos "pães" temos para evangelizar? Num único versículo, Jesus dá um curso de liderança: "Mandou então que o povo se assentasse no chão. Tomando os sete pães, deu graças, partiu-os e entregou-os a seus discípulos, para que os distribuíssem e eles os distribuíram ao povo" (v. 6).

Suas orientações podem ser apresentadas nas seguintes formulações:

a) Organizar (mandou que o povo se assentasse no chão)

É preciso, antes de tudo, reunir e planejar para não fazer as coisas de improviso. A evangelização é uma missão mais exigente do que o que normalmente se pensa, pois ela não acontece quando simplesmente "fazemos pregações", e sim quando as pessoas são influenciadas por elas. Alguns pregadores satisfazem-se apenas com o fato de estarem exercendo seu ministério através de palestras e, se não há frutos, eles os inventam.

A fecundidade da pregação deve ser medida da forma mais realista e objetiva possível, através da constatação de seus resultados quantitativos e qualitativos. Além disso, é ilusão pensar que um pregador, por si só, consegue atingir a evangelização em seu modo cabal. Por isso, seu ministério deve estar inserido numa ação conjunta, normalmente empreendida por uma comunidade cristã. É ela que "se assenta no chão", ou seja, reúne-se e planeja suas ações, procurando fazer convergir os dons individuais de que dispõe.

b) Dar graças (tomando os sete pães, deu graças)

Ao "fazer o levantamento" dos dons disponíveis na comunidade, seus responsáveis devem contemplá-los em espírito de louvor e gratidão a Deus. Ainda que sejam poucos e limitados, eles são como "sete pães" que contêm, com a força de Deus, uma grande capacidade de alimentar. É mais uma vez a fé que faz com que esse potencial seja visto, para além das aparências.

Já pensou se Jesus tivesse pego aqueles pães e começado a se lamentar? O que ele teria gerado no coração de seus discípulos? Com que motivação eles receberiam o alimento com a finalidade de distribuir? Muito provavelmente, comeriam eles mesmos, pois, afinal, não sendo suficientes para todos, que servissem ao menos para salvar um pequeno grupo. Isso é o que fazem algumas comunidades cristãs que, fixas em suas limitações, criam verdadeiros guetos onde as pessoas ficam "curtindo-se" umas às outras. É preciso analisar serenamente quando isso está acontecendo, para assumir outra atitude. Nada de neurastenia nem de lástimas! Diante do que temos, só louvor.

c) Distribuir (entregou-os para que os distribuíssem)

O terceiro passo de Jesus foi "distribuir". Ele acreditou em seus colaboradores. Tinha razões para desconfiar deles e reter os dons, como fazem alguns líderes de comunidades cristãs atualmente. Mas ele delegou tarefas e foi claro quanto ao que cada um precisava fazer: distribuir, igualmente. Aliás, esta foi a grande "sacada" de Jesus: acreditar que pessoas comuns poderiam colaborar com sua difícil e complicada empreitada de evangelizar o mundo. Ele entregou grandes responsabilidades a elas, permitindo-lhes também o direito de errar.

Os pregadores realmente interessados na evangelização, especialmente aqueles que lideram comunidades, devem fazer o mesmo. Não podem, sob qualquer pretexto, concentrar tudo em torno de si, considerando que somente um faz as coisas bem-feitas. Isso pode até ser verdade (como no caso de Jesus), mas, ainda assim, não justifica a retenção dos encargos. É preciso criar condições para que os outros evoluam e, com isso, torne-se possível instituir uma comunidade evangelizadora, e não "o grupo de fulano" ou a "pastoral de cicrano".

Quando se distribui tarefas, este é o momento em que a comunidade se torna o sujeito da evangelização, para além das pessoas. Perceba-se a consequência do ato de Jesus: "E eles o distribuíram ao povo. Tinham também alguns peixinhos. Ele os abençoou e mandou também distribuí-los". Os discípulos cumpriram a tarefa e fizeram ainda mais, pois foram motivados pelo espírito de louvor do Senhor. Se confiarmos nas pessoas, elas nos surpreenderão.

As atitudes de Jesus diante daquela situação criaram o "ambiente" para que se realizasse o milagre da multiplicação dos pães. E isso sem sensacionalismos ou algazarra. Todos comeram e ficaram fartos, e com os pedaços que sobraram ainda encheram sete cestos (v. 8). Jesus não despediu o povo sem que antes ele comesse (v. 9). Também nós: se nos debruçarmos sobre essas atitudes, sem nos preocupar com bramidos e triunfalismos, certamente faremos milagres. Milagres cuja consequência será um povo bem alimentado e disposto (cf. Lc 1,17).

2. Proclama a Palavra, insiste

As exigências do trabalho evangelizador e a importância da preleção nesse contexto requisitam grande responsabilidade dos pregadores. Isso significa que os ministros são interpelados a, de certo modo, consagrar-se a seu ministério. Ou seja: exercê-lo não como algo acessório, e sim como um verdadeiro tesouro que Deus colocou em suas mãos, coisa sagrada, um serviço que demanda dedicação, esforço, diligência.

Foi isso que São Paulo recomendou a um de seus mais dedicados discípulos: Timóteo. Ele escreveu:

> Eu te conjuro em presença de Deus e de Jesus Cristo, que há de julgar os vivos e os mortos, por sua aparição e por seu Reino: prega a palavra, insiste oportuna e importunamente, repreende, ameaça, exorta com toda paciência e empenho de instruir. Porque virá um tempo em que os homens já não suportarão a sã doutrina da salvação. Levados pelas próprias paixões e pelo prurido de escutar novidades, ajuntarão mestres para si. Apartarão os ouvidos da verdade e se atirarão às fábulas. Tu, porém, sê prudente em tudo, paciente nos sofrimentos, cumpre a missão de pregador do Evangelho, consagra-te a teu ministério. Quanto a mim, estou a ponto de ser imolado e o instante de minha libertação se aproxima (2Tm 4,1-6).

Como fica evidente no fim do texto, quando escreveu a segunda carta a Timóteo, Paulo estava na iminência de ser martirizado. Isso situa suas palavras num contexto mais dramático e, portanto, inadequado para qualquer tipo de divagação. Prestes a morrer, qualquer pessoa selecionaria melhor suas recomendações a alguém que considerasse como um filho (cf. 2Tm 1,2).

Conta-se que um homem muito avarento estava para morrer. Chamou seu filho mais velho ao leito de morte, pediu-lhe que abrisse a gaveta de um armário próximo e pegasse um relógio de ouro que ali estava. Vendo o herdeiro com o relógio nas mãos, o avarento disparou: "Filho, esse relógio pertenceu a seu triavô, que passou para seu bisavô, que passou para seu avô, que passou para mim. Agora, filho, que estou para morrer... compre-me esse relógio". Com isso o avarento transmitiu aquilo que julgava ser o valor mais importante: a esperteza para adquirir bens, independentemente da situação.

Ora, qual era o maior valor de São Paulo? Sem dúvida alguma a pregação do Evangelho (cf. Gl 1,15-24; 2Cor 4,5-6). É por isso que ele chega a *conjurar* Timóteo na presença de Deus e de Jesus Cristo (duas testemunhas, como no costume judaico) a que este pregue a palavra a despeito de qualquer coisa. A colocação de Paulo não é um pedido, nem uma recomendação, mas uma *conjuração*. O tom é imperativo. O que demonstra que Timóteo não estava apenas diante de algo importante, e sim frente a uma missão *obrigatória*.

Perante uma coisa somente importante, ainda é possível escolher. Assim, uma pessoa pode ponderar a respeito de casar-se, assumir um emprego ou manter uma amizade de longos anos. Essa ponderação pode fazê-la concluir que a melhor alternativa é esta ou aquela, ainda que isso implique em perdas. Porém, as coisas obrigatórias não deixam escolha. A pregação do Evangelho é imperativa para todos aqueles que se sentiram chamados a esse ministério (cf. 1Cor 9,16).

Em certa ocasião, um grupo de rapazes resolveu levar um amigo paralítico para o circo. Aconteceu que, naquela sessão, o leão soltou-se do domador e avançou para o público. Foi aquela correria e os rapazes esqueceram-se do paralítico no meio do tumulto. À distância e seguros, eles começaram a gritar pedindo que alguém o socorresse. E diziam alto: "Olhe o paralítico! Olhe o paralítico!". Já enfurecido com a covardia dos amigos, o deficiente gritou: "Deixem o leão escolher!".

Mesmo em situações adversas, é possível fazer escolhas quando o objeto é apenas importante. Não é o caso da pregação. Porque a fé vem pela pregação. E a salvação é obtida pela fé (cf. Rm 10,17). Portanto, só haverá homens salvos, se houver quem pregue. Os que são chamados a esse ministério não estão em condições de decidir se querem pregar ou não, a não ser que não se importem verdadeiramente com a salvação da humanidade e não sintam compaixão do povo que sofre. Surpreendo-me com a morosidade de alguns que se dão ao luxo de emperrarem-se quando são enviados a pregar, por causa de insegurança ou de preferências.

Já adverti que a evangelização não depende exclusivamente dos pregadores. Mas se estes não anunciarem, o que sua passividade expressará para a Igreja? Pois se nem os ministeriados pregarem, o que se dirá dos outros? Quem pregará? São Paulo exorta a fazê-lo tanto oportuna quanto inoportunamente. Ou seja: não tem tempo ruim, quando o assunto é anunciar o Evangelho. É mister pregar estando as pessoas dispostas a ouvir ou não. Seremos oportunos nos tempos propícios e inoportunos nas épocas em que o Evangelho não agradar aos homens.

Historicamente, minha geração de pregadores alcançou a fase em que as pessoas expressavam muito desejo de escutar a Palavra de Deus. Nós nem pregávamos tão bem assim, mas havia muitas conversões, dado à abertura de coração daqueles que nos ouviam. A mesma geração vive hoje um tempo em que a expectativa e a solicitude não são as mesmas, inclusive porque a religiosidade atual, em muitos contextos, confere às pessoas a impressão de que elas já aceitaram Jesus, quando na verdade apenas deram roupagem religiosa a suas aspirações egoístas. O tempo atual é um tempo inoportuno, em que é necessário continuar pregando.

Quando escreveu a Timóteo, São Paulo fez uma referência a essa época infértil: "Porque virá tempo em que os homens já não suportarão a sã doutrina da salvação. Levados pelas próprias paixões e pelo prurido de escutar novidades, ajuntarão mestres para si. Apartarão os ouvidos da verdade e se atirarão às fábulas" (v. 3-4). Acredito que esse tempo já chegou, pois nunca vi antes tanta gente indisposta a ouvir o Evangelho de Cristo, mesmo vivendo em países de tradição religiosa cristã.

Isso gera um questionamento: qual o sentido de pregar para pessoas assim? Ora, é justamente na escuridão que a luz se faz necessária. Assim, a pregação brilhará ainda mais e servirá de testemunho contra os homens deste mundo. Num mundo resistente e cego, podemos não enxergar imediatamente os frutos de nossa pregação, mas as futuras gerações testemunharão que fomos mártires para manter viva a fé. Se não houver quem pregue hoje, a mensagem não subsistirá para chegar a muitos que, no futuro, estarão propensos a crer. Ademais, mesmo no contexto atual, é possível encontrar uns poucos dispostos a ouvir. Crerão se nós não nos omitirmos a falar e a testemunhar o Evangelho.

Pregar é como pedir: se não der lucro, também não dá prejuízo. Dizem que existia um homem muito "pidão", que não "perdia a viagem" quando o assunto era conseguir que alguém lhe desse algo. Ele encontrou um amigo antigo e desferiu: "Há quanto tempo, fulano! Você me dá cinco reais aí". O amigo replicou que não tinha cinco reais. Ele treplicou: "Então, dois reais!". Diante de nova resposta negativa, ele pediu um real. O amigo, já enfadado, disse-lhe: "Rapaz, a única coisa que eu tenho aqui é um colírio!". O homem "pidão" não cortou conversa: "Então, coloque uma gotinha aqui no meu olho!".

O que aquele homem não queria era "perder a viagem". Quando evangelizam, os pregadores devem ter esse espírito. Com toda paciência e empenho devem dirigir-se às pessoas para ensinar-lhes o caminho da salvação. Se forem ouvidos, terão atingido seu objetivo. Se as pessoas lhes forem indiferentes, nenhum prejuízo eles sofrerão. E se, por causa de sua pregação, padecerem algum tipo de represália ou perseguição, ainda sairão no lucro, pois "bem-aventurados sois quando vos injuriarem e vos perseguirem e, mentindo, disserem todo o mal contra vós por causa de mim. Alegrai-vos e regozijai-vos, *porque será grande a vossa recompensa* nos céus" (Mt 5,11-12 – grifo meu).

Paulo impetrou Timóteo para que insistisse, não desanimasse, mas permanecesse fiel a seu ministério. As palavras são contundentes: repreende, ameaça, exorta. Não no sentido de ficar intimidando ou pressionando as pessoas, como fazem alguns evangelizadores sem discernimento. Mas de postar-se como uma referência forte, capaz de questionar o comportamento daqueles que escutam, fazendo com que estes sintam o peso da responsabilidade de seus atos.

Os pregadores podem ser uma "crítica" ao mesmo tempo suave e incisiva aos homens e mulheres de hoje, ávidos por novidades e cercados de mestres nem sempre bem-intencionados. Sua pregação, aliada a seu testemunho de vida, constitui uma "instrução", ou seja, um caminho sendo mostrado. Uma via estreita, porém aplainada: a via da salvação que eles experimentaram e anunciam com prudência e ousadia.

As orientações de Paulo a Timóteo podem ser resumidas em uma de suas frases: "consagra-te a teu ministério". Isso significa que o pregador do Evangelho deve a ele dedicar-se intensamente. No sentido em que aqui está posto, a consagração é uma espécie de dedicação em que a pessoa reserva-se prioritariamente para aquela tarefa, tornando-se, por causa disso, sagrada. É como se ela *pertencesse* a seu ministério, dele não podendo eximir-se em hipótese alguma e sob nenhum pretexto. Além disso, consagrar-se significa devotar-se de tal forma à pregação que ela se transforma na principal meta de sua vida.

O pregador deve encarar seu ministério como aquilo que mais lhe compete no mundo. Deve colocar-se a serviço de seus irmãos de um modo incondicional. Nesse particular, a primeira coisa a consagrar é a espiritualidade pessoal. Isso implica dizer que é sua obrigação debruçar-se sobre a vida de oração com todas as forças, pois ele não reza somente para si. A espiritualidade pessoal de um pregador tem em vista o ministério. O resultado de sua oração diz respeito aos outros, na medida em que alimenta sua pregação na perspectiva do conhecimento.

Quando a oração pessoal de um pregador está a serviço de seus irmãos, tudo aquilo que ele contempla e conhece mediante o relacionamento com Deus torna-se matéria para a pregação. Daí porque ele está obrigado a não somente aprofundar seu conhecimento teórico, mas também a aderir concretamente à Palavra, tomando suas decisões de vida com coerência evangélica. Isto é o que se pode chamar, mais exatamente, de busca de Deus:

atitude mediante a qual se aprende a verdade e pratica-a decididamente. Se, por um lado, o zelo sem conhecimento torna-se rigorismo estéril (cf. Rm 10,2-3), por outro lado, o conhecimento sem zelo vira abstração conceitual que, em última análise, se opõe ao próprio conhecimento.

Um pregador não pode ser dado à preguiça espiritual. Em suas fases áridas, não pode desistir, porque o que está em jogo não é apenas sua vida pessoal, e sim a daquelas pessoas às quais Deus o enviou. Diante de um obstáculo de compreensão da Palavra, por exemplo, ele deve madrugar diante de Deus para entender; dormir pensando nela, meditar, perscrutar, observar, enfim, cavar como um garimpeiro faz. Apesar disso, não pode ter a pretensão de querer saber tudo nem se entristecer diante de algo incompreensível.

O resultado da busca é a intimidade. Não raro as pessoas me perguntam como ser íntimo de Deus. E geralmente elas estão querendo descobrir um método de meditação, de preferência que as faça levitar. A intimidade só se adquire pela busca intensa, perene, disposta a tudo. Nessa procura, é claro que vamos atravessar diversas etapas, como se fossem diversos trechos de um caminho. Mas será preciso continuar buscando sem jamais desanimar.

Portanto, consagrar a espiritualidade pessoal é fazer dela um lugar de serviço aos outros. Quando reza, o pregador não está prioritariamente preocupado com seus problemas pessoais. Importa-se, antes, com seu ministério. A maior parte do que contempla serve aos outros. Isso nada tem a ver com fuga, atitude daqueles que escapam dos confrontos pessoais com Deus, sob pretexto de que precisam dedicar-se à preparação de pregações.

Trata-se de uma espiritualidade descentrada que, inclusive, ajuda a pessoa a sair de si mesma e a aprender os caminhos do amor incondicional, que tudo suporta, crê e espera (cf. 1Cor 13,7).

Deus não chamou pregadores para realizar seus sonhos pessoais ou transformá-los em conferencistas de sucesso. Deus os escolheu para "que vades e produzais frutos e vosso fruto permaneça" (cf. Jo 15,16). "Para que vades" tem o sentido de "ide". É um envio ao mundo marcado pelas trevas. Onde quer que esteja um pregador, ele é luz naquele lugar. Portanto, deve influenciá-lo positivamente e não ficar requisitando que Deus o afaste dali e o coloque num lugar onde todos o aceitem e o aplaudam.

Estou convencido de que não são muitos os autênticos pregadores do Evangelho. A esse respeito se aplica muito bem a palavra de Jesus: "Muitos são os chamados, poucos os escolhidos" (Mt 22,14). Entenda-se: poucos são aqueles que se consagram realmente a seu ministério. Mas Jesus também disse que um pouco de fermento leveda uma quantidade grande de massa (cf. Lc 13,20). Assim, não é necessário que os pregadores sejam em grande número. Eles podem ser, como parecem nos tempos de hoje, apenas "um resto". Mas que seja um resto influente. Para que cada um se torne capaz, no fim de sua trajetória, de poder dizer como São Paulo: "Combati o bom combate, terminei minha carreira, guardei a fé. Resta-me agora receber a coroa da justiça, que o Senhor, justo Juiz, me dará naquele dia, e não somente a mim, mas a todos aqueles que aguardam com amor sua aparição" (2Tm 4,7-8).

Considerações finais

CONHECIMENTO MARAVILHOSO ASSIM ME ULTRAPASSA

"É um saber maravilhoso, e me ultrapassa, é alto demais: não posso atingi-lo" (Sl 139,6).

Algumas vezes fui acusado de "gnóstico" por causa de minha ênfase no conhecimento. Não critico quem assim me interpreta. Mas não julgo que esteja exagerando, pois não posso trair minha experiência. Minha história de relacionamento com Deus é cumulativa, no sentido de que me são acrescentados saberes a cada passo do itinerário pelo qual Ele me conduz. E isso me atrai e fascina. Fico estupefato diante de um conhecimento que não vem da lógica instrumental, nem das evidências empíricas, nem da dialética, nem da matéria, mas que nasce de *um encontro*.

A experiência de Deus é como a experiência do belo. A beleza não reside nem no sujeito, nem no objeto, mas na relação entre eles.[1] Conquanto não irracional, o conhecimento de Deus transcende a razão. É por isso que, às vezes, dou minha adesão ao que não consigo compreender racionalmente, pois não sou louco de confiar cegamente em minha racionalidade, porquanto ela já me traiu várias vezes.

A experiência de Deus me convenceu de que existe um conhecimento transcendente, que não provém de mim ou dos outros homens. Poderia eu pensar que tudo o que concebo é o resultado de minha própria labuta mental. Porém, estou convicto de que não, pois se essa ciência me pertencesse, eu a teria de modo absoluto, ou seja, a posse e o controle sobre

---

[1] Cf. ALVES, Rubem. *O enigma da religião*. 5 ed. Campinas: Papirus, 1988, p. 38.

ela seriam minha aprioristicamente e inerente a mim. E não é assim. Esse conhecimento me é *acrescentado* a cada etapa de minha vida. Portanto, ele não é meu, mas me é outorgado.

Quando o procuro, tenho a sensação de que ele é alto demais e que não posso atingi-lo. Mas minha busca parece agradar a Deus e, assim, Ele mesmo se revela, como num rebaixamento até mim. Curioso é que quanto mais conheço, mais sinto que não sei. Há em mim, por assim dizer, uma douta ignorância.[2] Esta é uma revelação ao mesmo tempo incômoda e prazerosa, que me constrange e me faz pulular em júbilo, como Santa Catarina de Sena:

> Tu, Trindade eterna, és como um mar profundo, onde quanto mais procuro, mais encontro; e quanto mais encontro, mais cresce a sede de te procurar. Tu sacias a alma, mas de um modo insaciável; porque, saciando-se em teu abismo, a alma permanece sempre sedenta e faminta de ti, ó Trindade eterna, cobiçando e desejando ver-te à luz de tua luz.[3]

Há quem pense que religião é alguma coisa para as mentes ingênuas. Ela foi interpretada como refúgio para a miséria (Marx), como instrumento de coesão social (Durkheim) ou como elemento desencadeador de sistemas econômicos (Weber). Para mim, *a religião é um campo de conhecimento*. E muito exigente, por sinal. Deixei dois cursos universitários para a ele me dedicar. E vejo o crescimento que adquiri com

---

2 Cf. SANTO AGOSTINHO. O Espírito intercede por nós. In: *Liturgia das Horas*. V. IV. Tradução para o Brasil da segunda edição típica. Petrópolis: Vozes; São Paulo: Paulinas, Paulus, Ave Maria, 1995, p. 372.
3 In: *Liturgia das Horas*. V. II, p. 1551-1552.

isso, crescimento que a ciência humana não poderia me conceder. A religião é o lado terno de minha racionalidade, conferindo suavidade e frescor a minha reflexão.

Quando me embrenho nesse campo, é como se redescobrisse algo que havia perdido o encanto. Por isso, exclamo como o salmista: "Conhecimento maravilhoso assim me ultrapassa!". E eu o persigo como se estivesse perseguindo a mim mesmo.

Referências bibliográficas

A descida do Senhor à mansão dos mortos. In: *Liturgia das Horas*. V. II. Tradução para o Brasil da segunda edição típica. Petrópolis: Vozes; São Paulo: Paulinas, Paulus, Ave Maria, 1995, p. 439-440.

ALEXANDER, David, ALEXANDER, Pat (editores). *O mundo da Bíblia*. Tradução de José Raimundo Vidigal. São Paulo: Paulinas, 1985.

ALVES, Rubem. *O enigma da religião*. 5 ed. Campinas: Papirus, 1988.

A oração pessoal e a Lectio Divina. Disponível em <http.www.umnovocaminho.com>. Consulta em 27 de junho de 2012.

BENTO XVI. *Sacramentum Caritatis*: Exortação Apostólica Pós-Sinodal sobre a Eucaristia fonte e ápice da vida e da missão da Igreja (22 de fevereiro de 2007). Disponível em <http.www.vatican.va>. Consulta em 2 de agosto de 2012.

_____. *Verbum Domini*: Exortação Apostólica Pós-Sinodal sobre a Palavra de Deus na vida e na missão da Igreja (30 de setembro de 2010). Disponível em <http.www.vatican.va>. Consulta em 2 de agosto de 2012.

BETTENCOURT, Estevão Tavares. *Curso sobre parábolas e páginas difíceis do Evangelho*. Rio de Janeiro: Mater Eclesiae, s/d.

BÍBLIA DE JERUSALÉM. Tradução do texto em língua portuguesa diretamente dos originais. São Paulo: Paulus, 2002.

BÍBLIA SAGRADA. Tradução dos originais mediante a versão dos monges de Maredsous (Bélgica). 58 ed. São Paulo: Ave Maria, 1987.

BÍBLIA TRADUÇÃO ECUMÊNICA. São Paulo: Loyola, 1994.

CATECISMO DA IGREJA CATÓLICA. 3 ed. Petrópolis: Vozes, São Paulo: Paulinas, Loyola, Ave Maria, 1993, 744 p.

COMUNIDADE JAVÉ NISSI. *Angiologia e demonologia*: estudo. Pouso Alegre: Renovação Carismática Arquidiocesana, s/d.

CONCÍLIO ECUMÊNICO VATICANO II. *Dei Verbum*: Constituição Dogmática sobre a Revelação Divina. In: BÍBLIA SAGRADA. Tradução dos originais mediante a versão dos monges de Maredsous (Bélgica). 58 ed. São Paulo: Ave Maria, 1987, p. i-viii.

_____. *Lumen Gentium*: Constituição Dogmática sobre a Igreja. 9 ed. São Paulo: Paulinas, 1990, 104 p.

DUTTO, Giovanni. *Leitura orante*: a Lectio Divina comentada. São Paulo: Ave Maria, 2011, 120 p.

FERNANDES, Silvia Regina Alves. Prática religiosa e participação social. In: CENTRO DE ESTATÍSTICA RELIGIOSA E INVESTIGAÇÕES SOCIAIS (CERIS). *Desafios do catolicismo na cidade*: pesquisa em regiões metropolitanas brasileiras. São Paulo: Paulus, 2002, p. 88-129.

FERREIRA FILHO, João Valter. *Arte e poder na casa de Deus*. Aparecida: Santuário, 2006.

FORTEA, José Antonio. *Summa Daemoníaca*: tratado de demonologia e manual de exosrcistas. Tradução de Ana Paula Bertolini. São Paulo: Palavra e Prece, 2010.

HOPS, D. *A vida diária nos tempos de Jesus*. São Paulo: Vida Nova, 1981.

IRMÃO JACKSON. *Lectio Divina*. Disponível em <http.www.irnovajerusalem.com.br>. Consulta em 27 de junho de 2012.

MELCHÍADES JUNIOR, Everaldo. *A Bíblia em um ano*. 2 ed. Fortaleza: Shalom, 1996.

NAVONE, John. Tentação. In: FIORES, Stefano; GOFFI, Tullo (orgs). *Dicionário de Espiritualidade*. São Paulo: Paulinas, 1989, p. 1125-1135.

ORÍGENES. Cristo, sumo sacerdote, é a nossa propiciação. In: *Liturgia das Horas*. V. II. Tradução para o Brasil da segunda edição típica. Petrópolis: Vozes; São Paulo: Paulinas, Paulus, Ave Maria, 1995, p. 255-256.

RAMOS, Luiz Carlos. *A pregação na Idade Mídia*: os desafios da sociedade do espetáculo para a prática homilética contemporânea. São Bernardo do Campo, 2005, 280 p. Tese (Doutorado em Ciências da Religião) – Universidade Metodista de São Paulo, São Bernardo do Campo, 2005. 04/13

SANTA CATARINA DE SENA. Provei e vi. In: *Liturgia das Horas*. V. II. Tradução para o Brasil da segunda edição típica. Petrópolis: Vozes; São Paulo: Paulinas, Paulus, Ave Maria, 1995, pp. 1551-1552.

SANTO AGOSTINHO. O Espírito intercede por nós. In: *Liturgia das Horas*. V. IV. Tradução para o Brasil da segunda edição típica. Petrópolis: Vozes; São Paulo: Paulinas, Paulus, Ave Maria, 1995, p. 372-373.

_____. Deus se fez homem para que o homem se tornasse Deus. In: *Liturgia das Horas*. V. I. Tradução para o Brasil da segunda edição típica. Petrópolis: Vozes; São Paulo: Paulinas, Paulus, Ave Maria, 1995, p. 486-487.

_____. Gloriemo-nos também nós na cruz do Senhor. In: *Liturgia das Horas*. V. II. São Paulo: Paulinas, Paulus, Ave Maria; Petrópolis: Vozes, 1995, p. 376-377.

SANTO ANSELMO. Que eu te conheça e te ame, para encontrar em ti minha alegria. In: *Liturgia das Horas*. V. II. São Paulo: Paulinas, Paulus, Ave Maria; Petrópolis: Vozes, 1995, p. 1532-1533.

SANTO ANTÔNIO DE PÁDUA. A palavra é viva quando são as obras que falam. In: *Liturgia das Horas*. V. III. Tradução para o Brasil da segunda edição típica. Petrópolis: Vozes; São Paulo: Paulinas, Paulus, Ave Maria, 1995, p. 1357-1358.

SANTO ATANÁSIO. *Vida de Santo Antão*. Petrópolis: Mosteiro da Virgem, s/d (digitado).

SANTO EFRÉM. A Palavra de Deus, fonte inexaurível de vida. In: *Liturgia das Horas*. V. III. Tradução para o Brasil da segunda edição típica. Petrópolis: Vozes; São Paulo: Paulinas, Paulus, Ave Maria, 1995, p. 173-174.

SANTO ISIDORO. Homem instruído no reino dos céus. In: *Liturgia das Horas*. V. II. Tradução para o Brasil da segunda edição típica. Petrópolis: Vozes; São Paulo: Paulinas, Paulus, Ave Maria, 1995, p. 1519-1521.

SÃO JOÃO CRISÓSTOMO. Moisés e Cristo. In: *Liturgia das Horas*. V. II. Tradução para o Brasil da segunda edição típica. Petrópolis: Vozes; São Paulo: Paulinas, Paulus, Ave Maria, 1995, p. 140-141.

São João Fisher. Se alguém pecar, temos junto do Pai um defensor. In: *Liturgia das Horas*. V. II. São Paulo: Paulinas, Paulus, Ave Maria; Petrópolis: Vozes, 1995, p. 314-315.

São Leão Magno. *Liturgia das Horas*. V. II. Tradução para o Brasil da segunda edição típica. Petrópolis: Vozes; São Paulo: Paulinas, Paulus, Ave Maria, 1995, p. 1506-1507.

Sousa, Ronaldo José de. *Fogo sobre a terra*: reaviando a chama na Renovação Carismática. Aparecida: Editora Santuário, 2003.

_____. *Pregador ousado*: novos elementos para a formação de pregadores. Aparecida: Editora Santuário, 2005.

_____. *Pregador ungido*: missão e espiritualidade. Aparecida: Editora Santuário, 2001.

_____. O discípulo amado – Autoconhecimento a partir da experiência de Deus. Aparecida: Editora Santuário, 2009

Tenney, T. *God´s Favorite House*. Shippensburg: Destiny Image, 2003.

Terra, João Evangelista Martins. *Lectio Divina*: meditação, oração e contemplação da Palavra de Deus. 2 ed. São Paulo: Ave Maria, 2009.

Van Den Born, A. *Dicionário enciclopédico da Bíblia*. 4 ed. Petrópolis: Vozes, 1987.

A marca FSC® é a garantia de que a madeira utilizada na fabricação do papel deste livro provém de florestas que foram gerenciadas de maneira ambientalmente correta, socialmente justa e economicamente viável.

Este livro foi composto com as famílias tipográficas Calibri, Georgia e GillSans e impresso em papel Offset 75g/m² pela **Gráfica Santuário.**